「伝える力」と「地頭力」がいっきに高まる

東大作文

現役東大生
西岡壱誠
Issei
Nishioka

東洋経済新報社

はじめに――偏差値35だった僕を救ってくれた「東大作文」

僕たちの日常は「作文」にあふれている

みなさんは、「作文」は好きでしょうか？

「作文」と聞くと、何だか読書感想文や小論文のような「しっかりした文章を作ること」を想像するかもしれませんが、別にしっかりした文章でなくても、**人は多くの場面で「作文」をしています**。

たとえば、メールを送るときやSNSで誰かとコミュニケーションを取るときには、メッセージを「作文」しますよね。

企画書や報告書・プレゼンの資料を作るときには、その書類で使う文章を「作文」することと思います。
たとえ何かに文字を書かなくても、誰かに何かを説明するときや、自分の意見を述べるとき、あるいは謝罪するときにも、僕たちは文章を「作文」しています。
人間は多かれ少なかれ、**どんな人でも「作文」をして生きている**のです。

そんな「作文」ですが、実は僕は大嫌いでした。大嫌いであり、大の苦手でした。どんなに頑張って言葉を紡いでも、ぜんぜん相手に伝わらないのです。
幼少期には「お前の話は本当に要領をえない！」と家族からも友だちからも言われ続け、頑張って作ったメッセージを送っても、相手から「うん、それでいったい、何の話？」なんて言われてしまった経験が、一度や二度ではありませんでした。

「いったいどうして、僕の『作文』は伝わらないんだ！」

僕はずっとそんなふうに悩んで生きてきました。さすがにここまで苦手という人は少ないかもしれませんが、こんな僕と同じような悩みをお持ちの方は多いのではないでしょうか。

東大入試は「作文」の力が必要不可欠

そしてそんな「作文嫌い」の僕の人生最大の関門が、「東大入試」でした。

なんと**東大の入試問題は、すべての科目で解答方式が「記述式」**なのです！

英語も国語も、社会も理科も、数学にいたるまで、すべてが記述式。自分で文章を考えて答えなければならないのです。高校3年生のときの偏差値が35しかなかった僕にはこんなことは不可能で、**当然のように2回不合格**になってしまいました。

2浪した僕は、自分のダメなところと徹底的に向き合うことにしました。

まずは、**東大の入試問題を解けるような「頭の良さ」**を手に入れるために、本を読むようにしました。

その方法は前著『東大読書』の中で紹介させていただいたのですが、結論から言うと「**能動的に本を読む**」という読み方です。

一方向的に、著者の考えを「ふーん、そうなんだ」と受け入れるのではなく、読み手も能動的になって、「本当にそうなの？」「これってどういうこと？」とツッコミを入れながら文章を読むのです。

「読む力」と「地頭力」がいっきに身につく　東大読書

本書のページ下欄外では、「作文」を学ぶ上で参考になる本を紹介します。1冊目は、自分の本で恐縮ですが『東大読書』です。「どうやって読むか」と「どうやって書くか」。この2つは、同時に勉強することで効果的に能力を高めることができます。インプットとアウトプットを同時に学んで、ぜひ両方を試してみてください。

西岡壱誠著　東洋経済新報社

そうやって文章を読むことで、**「自分の頭で考える」という訓練ができるようになり、読む力も地頭も同時に鍛えることに成功した**のです。

でも東大は、問題が「わかる」ようになっただけでは点数には結びつきません。**問題の答えはわかっても、それを「作文」しなければ点数にならない**のです。

しかも東大は、**「解くこと自体は比較的簡単だけれど、それを説明するのが難しい」**という問題が数多く出題されています。「答えはわかっているのに、作文できないから点が取れない！」……という問題も多い。つまりは、**相手に伝わる文章が「作文」できて初めて合格できる大学だった**のです。

読書も作文も、大切なのは「双方向性」だった

僕は、自分の「作文嫌い」を克服するために、来る日も来る日も特訓しました。

具体的には、50年分の東大の入試問題を解いて、その解答として作った文章を先生や友だちに読んでもらいました。「ここ、伝わらないよ」とか「これ、何を書いてるかわからない」とか、いろいろなフィードバックをもらいながら、先生や他の東大志望の友だちが書いた文章と比べ、毎日毎日、書いて書いて書きまくっていました。

そしてあるとき、僕はあることに気がつきました。

「これ、読書と同じだ」と。

実は、読書の極意も作文の極意もまったく同じ。「一方向的であることをやめる」ことによって、扉が開くのです。

読書の場合は、**「著者が言っていることを一方向的に受け入れるのではなく、自分も能動的になって読む」**ことで、文章を正しく読むことができるようになり、地頭を鍛えることができました。

作文の場合も同様に、**「自分が一方向的に書くのをやめて、相手も能動的になれるような、双方向的な文章を書く」**ことで、伝わる文章を書くことができ、また地頭も鍛えることができるようになるのです。

相手に伝わらない作文というのは、**相手のことを考えない「一方向的」な文章**です。

逆に、相手に自分の意図が伝わる作文というのは、**「双方向的（インタラクティブ）」という魔法**がかかっています。

自分の考えをしっかり表明しつつも、相手のことまで推し量りながら文章を書くのです。自分から相手への矢印だけでなく、**相手から自分への矢印も想定**している。相手のことを考えて作文しているからこそ、相手に伝わる文章が書けるわけです。東大生や東大に合格できる受験生というのはみんな、この能力が高いのです。

「東大作文」で「地頭力」の基礎が身につく

しかも東大に合格する人は、この**「双方向的な作文」によって「伝える力」だけでなく「地頭力」も身につけています**。

双方向的に文章を書く訓練を積むことで、常に自分の立場だけでなく、相手の立場にも立つ意識を持つことができます。すると、**「自分」と「相手」という複数の視点で物事を考え、批判的思考力や客観的思考力といった、「地頭力」の基礎を養うことができる**のです。

読書の極意と作文の極意は根本的には同じ、と申し上げましたが、双方向的な作文を書くというのは**誰よりも「読者」になって文章を書くということ**に他なりません。読む人が、自分の文章をどう捉えるか？　どう理解するのか？　それを推し量る訓練を通して、東大生は地頭を鍛えるのです。

この法則に気づいた僕は、双方向的な解答を書くことで東大の入試問題で得点を取ることができるようになりました。また、**双方向的な文章を書こうと努力することで自分の地頭を鍛えることにもつながり、成績をダブルで伸ばすことができる**ようになりました。

その結果、**「作文嫌い」だった僕の成績は東大模試で全国４位にまで急上昇**。無事、東大に合格することができたのです。

そして今、僕は『ドラゴン桜２』という「偏差値が低いところから東大を目指す」漫画の勉強法を考える東大生団体「東龍門」のリーダーを務めています。３００人以上の東大生へのアンケートや１００人以上の東大生への取材を通して「東大生」を徹底的に研究し、「どうしたら頭がよくなるのか？」「東大生はいったい、何が優れているのか？」を仲間たちとともに日夜調べ上げているのです。

その研究の中でわかってきたのは、先ほど申し上げた**「双方向的な作文を書く」という能力の高さ**です。東大がそれを求めているので当たり前の結果ではあるのですが、事実として**東大生は、インタラクティブに文章を作る能力に長けており、だからこそ地頭力も鍛えられている**のです。

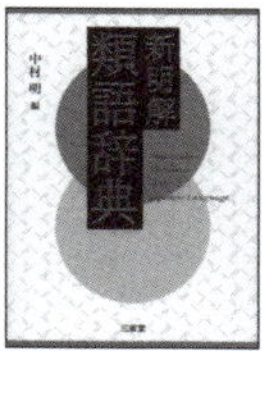

新明解類語辞典

文章を書く上で大きな障害になるのは「語彙力」です。この類語辞典を使い、自分の中で使える言葉の語彙を増やしていくことで、その場その場に応じた当意即妙な言葉をアウトプットすることができるようになります。

中村明編　三省堂

「東大作文」で身につく「5つの力」

この本は、そんな東大生の双方向的な文章の作り方、「東大作文」のメソッドをみなさんと共有するものです。このメソッドを活用すれば、**誰でも簡単に「相手に伝わりやすい文章」が書けるようになりますし、同時に地頭力も鍛えることができるようになります。**

この「地頭力を鍛える」というのはもう少し説明が必要ですね。この本で鍛えられる能力は、次の5つに分類することができます。

1つ目は、**「要約力」**です。これは「何が言いたいのか?」を短く一言でまとめ、「どういうことを伝えたいのか?」を具体化する能力です。この能力があると、**手短に相手に伝えたいことを伝えられる**ようになります。

2つ目は、**「論理的思考力」**です。一本筋の通った、相手にも伝わりやすい「論理」を作り上げる能力です。この能力があると、**どんな人にもかならず伝わる文章を書くことができる**ようになります。

3つ目は、**「客観的思考力」**です。相手の立場に立って物事を考える能力です。この能力があると、**相手を納得させられる文章が作れる**ようになります。

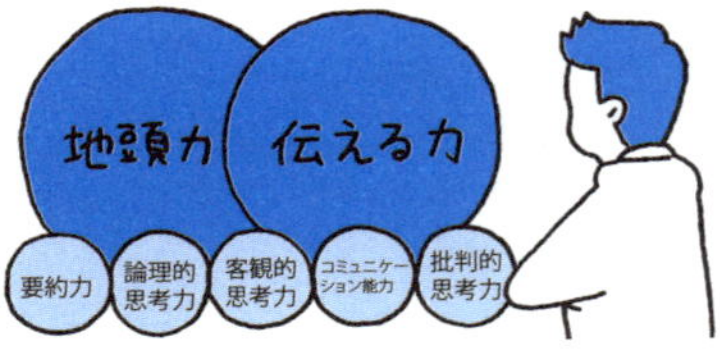

4つ目は、**「コミュニケーション能力」**です。自分の考えを伝えつつ、相手の考えを読み取り、円滑に会話をするための能力です。この能力があれば、**読者が続きを読みたくなるような文章を作る**ことができます。

5つ目は、**「批判的思考力」**です。自分の文章をきちんと批判的に見て、他人からの批判も想定する能力です。この能力があれば、**必要のない部分を削ぎ落とし、言いたいことが伝わりやすい文章を書くことができる**ようになります。

この5つの能力の身につけ方は、PART1でご説明します。PART1のSTEP1～5までで順番に、この力が鍛えられる「東大作文」のメソッドを紹介させていただきます！

そしてPART2はいよいよ実践編です。PART1でご紹介したメソッドを使って、メールや企画書・ブログや報告書など、さまざまな場面に対応した「双方向的な文章の作り方」をみなさまにお見せいたします。

「東大作文」は、偏差値35の僕でもできたメソッド

「東大作文」なんてタイトルがついているので、「何だか難しそうだなあ」とか「自分に

東大の現代文27カ年［第9版］

東大の現代文の文章を読んでみると、「読みやすい文章」とはどういうことかわかるようになります。東大の現代文の文章は、「内容自体は難解なのに読みやすい文章」が選ばれています。そういう良質な文章に触れると、この本でオススメする「東大作文」が理解しやすくなると思います。
桑原聡編著　教学社

は無理なんじゃないか？」とお考えの人もいるかもしれませんが、何の心配もしないでください。なんてったって、**偏差値35だった僕の作文術**なのです。みなさんが実践できないことなんてありえませんし、PART2で実際の作文の仕方も解説させていただきます。

この本を読んで実践すれば、**誰でも簡単に、「双方向的で伝わりやすい文章」が書けるようになる**こと間違いなしです。

最後に、「作文」というのはアウトプットです。いくらこの本をインプットしても、**積極的に実践して、アウトプットしなければこの本の効果は半減**してしまいます。

なので、この本を読んでいるときには積極的に「作文」をするようにしてみてください。読んでいて学んだことでも、感想でも、何でもかまいません。とにかく実際に文章を作ってみましょう。**Twitterで「#東大作文」をつけて投稿していただければ、時間の許す限りチェックさせていただきます**。

この本を読んで、みなさんもぜひ「東大作文」を身につけてみてください！

目次

STEP 3

1人ディベートで「説得力のある文章」が書ける
――東大生は「相手の心」を刺激する……114

STEP 4

質問トラップ作りで「読者を引き込む文章」が書ける

STEP 5

枝葉切りで「スマートな文章」が書ける

――東大生は「読む人の都合」を意識する……189

PART 2

5つのシチュエーションに対応！「東大作文」実践編　225

PART
1

THE UNIVERSITY OF TOKYO
WRITING TECHNIQUES

「伝える力」と「地頭力」が
いっきに身につく「東大作文」

THE UNIVERSITY
OF TOKYO
WRITING TECHNIQUES

STEP 1

あとがき作りで「言いたいこと」がまっすぐ伝わる

——東大生はまず「最後の一文」から考える

1 書き始める前の一手間で、表現力は急上昇する

作文には絶対原則がある

・最初にやるべきこととは？

「さあ、作文を始めよう！」

みなさんはそう思い立ったときに、何から始めますか？

「とりあえず出だしを書いてみよう！」
「文章の構成を考えなくちゃ！」

人によっていろんな答えがあると思いますが、逆に**「これをはじめにやっておかないと失敗する」**という行為があります。

それは、**「あとがき作り」**です。最後を先に決めておかないと、実は作文することができないんです。

「え⁉　なんで最後なの⁉」と思う方も多いでしょう。実はこれ、**「作文」というもののいちばん根本的な、「作文するときに守らなければならない絶対原則」**に関わるものなのです。

・最後に「言いたいこと」を言うのが大原則

実は古今東西、すべての作文には共通項があります。みなさん、何だかわかりますか？

それは、**「最後に自分の言いたいことを持ってくる」**ということです。

評論でも「結論」を書きますし、レポートでも「まとめ」を書きます。スピーチやプレゼ

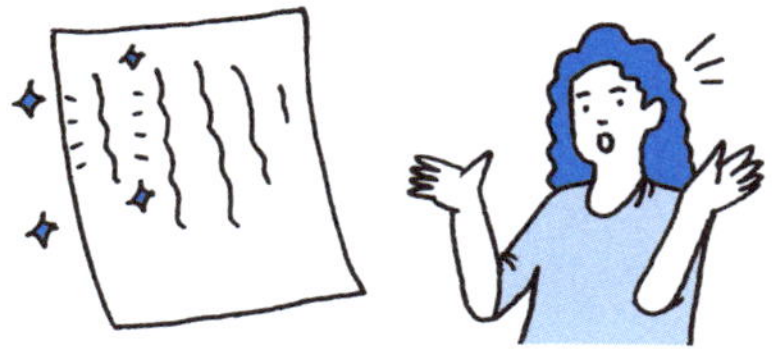

ンでも、いろいろ説明した後に「要するに」を最後に話すことと思います。

逆に、自分が話したいことだけをツラツラ話して、最後に何のまとめもなく終わってしまったら、聞き手や読者は「え？　要するにこの人、何が言いたかったの？」と混乱してしまいます。

最後に「要するに何が言いたかったのか」をまとめて終わるというのが、作文における絶対の原則なんです。この原則を守っていない作文は、「読む価値がない」と判断されても文句は言えません。それほどまでに、**「最後」＝「言いたいこと」の原則は重要**です。

東大作文
Point 1

書き始める前に、「最後に何を書くか」を考える

「最後」＝「言いたいこと」でなければ、正しく読めない

では、なぜ「最後」＝「言いたいこと」でなければならないのか。これには2つの理由があります。

1つは、読み手側の理由です。実は人間は、誰しも**最後に言っていることのほうが頭に残りやすい**のです。

「終わり良ければすべて良し」ということわざもありますが、どんな物事でも、映画でも小説でも、後から思い出したときに「終わり」の部分や「クライマックス」のシーンが頭に残っていることってありませんか？

途中までいい作品だと思って読んでいたのに、ラストのシーンがあまり面白くなくて「ええ、こんなオチ？」という作品は、なかなか「面白かった」という印象を持ちにくいです。

逆に、途中まで「あんまり面白くないなぁ」と思っていた映画でも、怒涛の伏線回収と最後のどんでん返しなどでクライマックスに爽快感があれば「いい映画だった！」と思えることも多いと思います。

・「最後が重要」を示す2つの実験

こんな実験もあります。行動経済学者のダニエル・カーネマンが被験者にお金を払って次の2つの体験をしてもらいました。

1分で話せ

『東大作文』で言うところの「あとがき作り」が、この本の中では「結論」という言葉で書かれています。1分間で自分の意見をまとめるテクニックを紹介したこの本を読めば、自分の意見を「まとめる」ハードルが低くなります。

伊藤羊一著　SBクリエイティブ

①痛いほど冷たい水に60秒間手を突っ込む
②痛いほど冷たい水に90秒間手を突っ込むが、最後の30秒間は温度がだんだん上がり、あまり冷たくなくなる

いかがでしょう? 一見、①のほうがラクな体験のように思われます。冷たい水に手を突っ込んでいる時間は①も②も同じで、②はそれに30秒、温度が少し高くなったとはいえ追加で水に触れていなければならないわけです。

しかし、実験後、被験者に「どっちのほうがマシな体験だったか」と聞くと、「①よりも②のほうがマシだった」と答える人が多かったのです。人間の印象は、**実際の時間より、「最後がどうだったか」で決まってくる**のです。

また、こんな実験もあります。ノーマン・H・アンダーソンという心理学者が、実際に起こった事件をもとに模擬裁判を行い、証言の与え方で陪審員の判断がどう変わるのかを実験したものです。A側に有利な証言は6つ、B側に有利な証言も6つ用意されていまし

た。

①A側に有利な証言を2つした後に、B側に有利な証言を2つする、という形式で3回繰り返して、陪審員にA側かB側かを選んでもらう
②B側に有利な証言を6つした後に、A側に有利な証言を6つする、という形式で裁判を行い、同じく陪審員にA側かB側かを選んでもらう

……もうおわかりですね？　①はBが、②はAが勝ちました。バラバラに情報が与えられても、いっぺんに情報が与えられても、人間というのは**「最後に聞いたほう」が記憶や印象に残りやすい**のです。

本当に言いたいこと、相手に知ってもらいたいことは、「最後」にこそ言わなければならないのです。最初でも途中でもなく、「最後」で言わないと、読者の印象に残りにくい。だからこそ、いちばん言いたいことは最後に持ってこなければならないのです。

東大作文 Point 2

全体の印象は「最後」で決まる

「最後」を決めないと、書けない

そして、「最後」＝「言いたいこと」なのにはもう1つ理由があります。これが「あとがき作り」をはじめにやらなければならない最大の理由でもあります。

先ほどは「読み手側の理由」でしたが、こっちは「書き手側の理由」です。実は、**最後に言いたいことを持ってくるほうが、圧倒的に文章が書きやすい**のです。

たとえば、みなさんはカーナビを使ったことはありますか？　カーナビは「目的地」を入力すると、その目的地にたどり着くまでのルートを教えてくれます。

「富士山まで行こう！」と思ったときにも、いろいろなルートがあると思います。高速道路を使うルートもあれば一般道を走るルートもあるでしょう。でも、どのルートをたどるにしても、「富士山」という目的地がわかっていないと走り出すことすらできません。

闇雲に車を走らせても、いつまでたっても富士山にたどり着くことはできませんよね。

作文もこれと同じです。いろんな書き方があっていいですし、時には脇道に逸れても大丈夫です。でも、それはあくまでも**「目的地」を決めた後の話**。最終的にどこに行き着きたいのかをわからないまま書き始めても、「あれ、結局自分は何が言いたいんだっけ?」と迷子になってしまいます。だから、**「言いたいこと」を最初に決めて、最後の「目的地」を見据えて書いていく**必要があるのです。

・目的地が見えていたほうが「伝わりやすい文章」になる

さらに、**「目的地」が見えていたほうが、読者に伝わりやすい文章**になります。

結論があまり定まっていなくて、あっちに行ったりこっちに行ったりジグザグに進んでいく文章よりも、書き手が最初から目的地を把握していて、そこまでの道のりがまっすぐな文章のほうが格段に読みやすいのです。

この「東大作文」で重要なのは**「読者に伝わりやすい文章を書く」ことだと言いましたが、そのために必要なのが「目的地」**なんです。

難しい言葉ではこれを、**「論理の貫通」**と言います。最初から最後まで一貫した主張がなされており、その主張に説得力を持たせるために例が出てきたり、補足説明が出てきたりしているほうが、文章というのはわかりやすいのです。

たとえば僕は今、「作文においては『あとがき作り』を最初にやるべきなんだ!」という「最後の結論」を決めて、みなさんにお話ししています。そのゴールがわかっているからこそ、ここまでも、そしてここからも、「『あとがき作り』を最初にやるべき」という話しかしません。

先ほどの2つの実験やカーナビの例だって、「なぜ『あとがき作り』を最初にやるべきなのか」という主張に説得力を持たせるためのものです。**「最後の結論」が決まっているからこそ文章が書けるし、主張だって伝わりやすくなる。**逆にこれで「最後の結論」が決まっていなかったら、僕は何も書けなくなってしまいます。

・東大は「論理の貫通」を最重視する

ちなみに**東大は、この「論理の貫通」をめちゃくちゃ重視する大学**です。

何十年も前から毎年、東大入試の現代文の問題では、文章の最後に傍線が引かれて「傍線部にはこう書いてありますが、これをもとにこの作者が何を言いたかったのかを100

字程度でまとめなさい」という問題が出題され続けています。

「この著者は、たぶんこの一文を言うために、この文章を書いたんだろうな」と東大の教授が判断した一文に線が引かれて、その文をヒントに文章全体をまとめさせる問題です。「最初から最後まで一貫している主張が何なのか」。それを、傍線部をヒントに見極めて、100字でまとめさせる。だから東大入試の文章では、論理が貫通していないような文章は絶対出題されません。

そして**その問題ではかならず、文章の最後に傍線が引かれています**。「この著者は、多分この一文を言うために、この文章を書いたんだろうな」と東大の教授が判断したであろう一文は、文章の最初でも途中でもなく、絶対に「最後に」あるのです。

東大は、最後に文章全体の結論が書いてある、「論理が貫通している文章」こそ、**「読むに値する文章」**だと考えているのだと思います。

だから、この東大で出題されている文章って、後から本として買って読んだりするととても面白いんですよね。わかりやすいですし、主張が一貫していて「自分はこういうことが言いたいんだ！」という著者の思いが明確だから読みやすいんです。

東大作文
Point 3

最後が明確でないと、書き始められない

「結局何が言いたいのか」を答えられるようにしよう

「最初に『最後の結論』を考えて、論理を貫通させる」ことの重要性、わかっていただけましたか？

「うーん、わかったような、わからないような……」という人もいるかもしれません。

・「結局」の重要性は会話でも同じ

そんな人に1つご質問したいのですが、人から「結局、何が言いたいの？」と言われた経験、ありませんか？

僕はめちゃくちゃあります。LINEでもメールでもレポートでも、友だちと話しているときでも、「結局それ、何が言いたいの？」と聞かれてしまうことがとても多かった

です。

みなさんの中にも経験のある人がいると思うのですが、そう言われてしまうと「え、えーと……」とすぐに一言では答えられないんですよね。長ったらしくまた同じ説明を繰り返してしまったりとか、うまく答えたつもりでも「ええ？　よくわからないな」と言われてしまったりとか。

これなんです、「あとがき作り」をしなければならない最大の理由は。

「結局何が言いたいのか」が明確じゃないと、どんなに言葉を尽くして説明しても、どんなに身振り手振りを使って話をしても、「なんとなく」しか相手に伝わらないんです。

なぜなら、話しているほうも「なんとなく」しかわかっていないから。

自分でも「なんとなく」しかわかっていないものを、相手に「明確に」理解してもらうことなんて不可能に近いです。相手に何かを届けたくて、相手にとってわかりやすい文章を書きたいのならば、まずは**自分の中の「なんとなく」を「明確に」しなければならない**んです。

「結局何が言いたいのか」という結論を、自分の中でしっかり持っておくことで、初めて相手に伝わる文章が書けるようになるのです。

・東大生のノートは「結局」がわかりやすい！

僕は学内で、東大生の試験対策をサポートする係をしているので、東大生のノートを300人分以上、見てきました。

字が汚い人も綺麗な人もいろいろいたのですが、その中で、どんな東大生にも共通していた点があります。それは、**「まとめ」**です。先生が言っていたこととか、ノートで書いたこととか、そういうのを一言で**「今回はこんな授業だった」「要するにこの事例からは、こんなことがわかる」とか、そういう「まとめ」が明確**なんです。

僕も何度も助けられているのですが、「ここでわかることはこういうことです！　これ覚えておいたらテストで点取れるんじゃないですかね」「いろいろ書いてきましたが、要はこういうことです！　ここだけ覚えときましょう！」と、**「このノートがどんな目的で書かれているのか」「結論として何を覚えればいいのか」がすごく明確**に書かれている。だからこそ、時間を無駄にせずに重要なことだけを吸収できる。そういうノート作りができる東大生が非常に多いのです。

「結局このノートは何が言いたいのか」

「結論として何が言いたくてこれを書いているのか」

それを明確にしているからこそ、読み手も重要な部分がわかるし、書き手もそこを強調して、「論理の貫通」のあるわかりやすい文章を書くことができる。だからこそ、**作文する前に「最後の結論」を明確にしなければならない**のです。

「作文しようとしても、なかなか書き始められないな……」
「書いても、なかなか相手に伝わる文章にできない……」

とお悩みの方もいると思います。僕も昔はその悩みを持っていたのですが、「論理の貫通」を知って、**「最後の結論」を明確にしてから書き始めるようにした途端に、その悩みが吹っ飛ぶ**ようになりました。

今からご紹介する**「主張作り」**と**「目的作り」**をやることで、みなさんも相手に伝わりやすい文章をラクに書き始めることができるようになります。ぜひ実践してみてください！

東大作文
Point 4

「結局、何なのか」は、会話やノートにも通じる重要ポイント

2 主張作りで「言いたいこと」を一言にまとめる

「言いたいこと」は2つの条件を満たす必要がある

さて、ここから「どうやって主張を作っていくか」という話をしていくのですが、その前に1つクイズです。

次のうち、「主張になりそうなもの」を選んでください！

①海は広くて青い
②若者はもっと勉強するべき
③○○さんありがとう
④フランス語を勉強するのは大変だが、日本語を勉強する場合はその3倍ほどの時間が必要になると言われている

さて、①〜④のうち、どれが主張になるでしょうか？

正解は、②と③です。この2つは、主張にして作文を書くことが容易です。逆に、①と④は作文を書くのが難しいのです。

「本当に？」と思う人もいるかもしれませんが、そういう人は、試しに①と④で文章を書こうとしてみてください。なかなか思いつかないと思います。

それもそのはずで、この2つは**「主張作り」における禁忌**を犯してしまっているのです！

実は「主張」になるには、2つの条件があります。

ファイアパンチ

グロテスクで過激な青年漫画ですが、この物語の根幹には「人は、何かを演じて生きている」という強いメッセージがあります。そういう伝えたいメッセージがあって作られている作品であるからこそ、読む人の心に強く響く魅力があります。「演技」というキーワードに注目して読んでみてください。
藤本タツキ著　集英社

1つ目は**「未知のものであること」**、2つ目は**「短くまとまっていること」**。順番に見ていきましょう。

・「未知のもの」とは？

まずは「未知のものであること」ですが、これは①を見てもらえばわかると思います。「海は広くて青い」ってことを知らなかった人は、これを読んでいる人の中にはいらっしゃらないですよね。誰もが知っている当たり前の事実だと思います。それを「主張」として文章を作ろうとしても、みんなが知っているような当たり前の話しか作文することはできません。

当たり前のことを「言いたい！」とは、なかなか思いませんよね。

主張とは、**相手や世の中に対して「これを言いたい！」という自分の意見**のことです。読む相手や世の中のみんなが「当たり前」だと思っていることを主張しても、「それ、当たり前じゃない？」「え？　そんな普通のことが言いたかったの？」となってしまいます。

世の中のみんなが知っているような既知の情報ではなく、**思いもよらない未知の情報**だからこそ、聞く意味が生まれ、主張する価値が生じます。

「え？　でも、『②若者はもっと勉強するべき』だって、当たり前のことと言えば当たり前のことじゃない？」

と思う人もいるかもしれません。たしかに、一見当たり前の事実のように見えますし、「健康は大切だ」「親孝行をするべきだ」とか、そういう文章や本は多く存在しています。

でもこれは、**もっと深い意味**があります。

「みんな大切だってわかっていると思うけど、みんなが思っているよりもずっと大切なんだよ！」

「みんな当たり前だと思っているかもしれないけど、これってホントにすごく重要なんだからね！」

「重要だってことはわかっているかもしれないけど、なんで重要なのかはわかっていないよね？」

そんなふうに、**既知の事実の中にある未知の部分を主張にしている**わけです。本当に既知100％の主張は存在せず、どこかに未知の部分があって、それが主張になっているの

です。

そして、**「未知」の部分があるからこそ**、読者も文章を読んでくれる。「何だよこれ、もう全部知ってるよ！」と思われるようなものは、たぶん読者は面白くは感じません。「これ知らなかった！」「なるほど、こういうことなのか！」と思えるような何かがあるからこそ、読者も文章を読んでくれるのです。

だからこそ、主張は読者にとっての「未知」がないといけないのです。

・「短くまとめる」とは？

次は、「短くまとめる」です。**主張はかならず、短くまとまっていなければならない**のです。

たとえば先ほどの、「④フランス語を勉強するのは大変だが、日本語を勉強する場合はその3倍ほどの時間が必要になると言われている」を主張にしようと思っても、結局何が重要で何が言いたかったのかわかりづらいです。

これを読んだときに、「フランス語より日本語のほうが難しいって話かな？」と思う人もいれば、「3倍もの時間がかかるって話だろう」と思う人も、「フランス語も日本語も勉強するのが大変だってことだろう」と思う人もいるはずです。

つまり、主張が長いと情報が多くなってしまい、**重要な部分・本当に相手に伝えたい部分が見えにくくなってしまう**んです。そうなると、相手に伝わりにくいだけではなく、作文するのも大変になってしまいます。

試しに、④を主張として作文してみてください。きっとみなさん、難しいと感じるはずです。

「日本語の勉強は大変！」とか「フランス語より日本語のほうが難しい！」とか、主張はそういう短い言葉で表現しなければならないのです。

・人間は「難しいこと」は語れない

しかし、「短く！」と言うと、こう反論したい人もいると思います。

「いやいや！　自分の主張はすごく深くて難しい考えだから、一言では言い表せないんだ！」「短くまとめられないから、言葉を尽くして文章でまとめるんじゃないか」

しかしここではっきり断言しておきたいのは、**「人間は難しいことは語れない」**ということです。一言でまとめられないことや、書いている当人が「これは難しいよな」と考えている概念を人に説明することはできないのです。

人間には、難しいことを語る能力はありません。「難しい」ということは、「理解するのが困難なほどに難解なこと」です。自分で理解するのが難しいものを語れるわけがありません。それを語ろうとしている時点で大間違いなのです。

「そんなバカな、じゃあ大学の教授とか学校の先生とかが語るような難しい話は？」

そうお考えの人もいるかもしれませんが、大学の教授や学校の先生は、自分が語っていることを難しいとは思っていないのです。たしかに、「相手に理解してもらうのは難しいかもな」と**伝達が難しい**とは思っているかもしれませんが、**本人自身は説明している内容が「難しい」とは思っていない**んです。

だからこそ（こちらからしたら）難解な話でも説明できるし、本も書ける。「自分にとって難しい内容」を語れる人はこの世にはいませんし、「語ろう」としている時点で間違いなんです。

先ほど、「自分が『なんとなく』しか理解していないものを相手に『明確』に説明することは不可能に近い」とお話ししましたが、それと同じ話です。**難しくて一言で言えないことを相手に理解してもらうことは不可能**です。自分の中で噛み砕いて、自分でも「難しい」と感じていない、**一言で言い表せるほどに明確なものでないと、理解してもらえない**のです。

・「説明する」のが最高の勉強法である理由

僕はこの3年間、東大生の勉強法を調査してきたのですが、その中で「これは、どの東大生にも共通する勉強法だ」と感じた方法がありました。それは、**「学んだことを人に説明する」**というものです。

「クラスの他の子からよく勉強の質問を受けていた」とか、「家で今日習ったことを兄弟に説明していた」とか、東大生はみんな多かれ少なかれ、説明するという行為をやっていることがわかったのです。

その理由は、たぶん**「説明すると、自分が本当に理解しているかどうかわかるから」**なのだと思います。うまく説明できなかったところは自分でも理解しきれていないところ。あるいは、「え、今のよくわからなかった」と相手に指摘される箇所は、わかったつもり

だったけど実はよくわかっていなかったところ。そんなふうに、**説明することで初めて、自分の理解度を把握することができる**のです。

そして、そんな勉強法を実践していた東大生が口を揃えて言っていたのが、**「短くまとめられれば勝ち」**ということでした。

「言葉を尽くして説明するよりも、短い言葉で言い表したほうが伝わりやすいし、自分も伝えやすい」

「逆に、短くまとめられないことは、自分でも本当は理解しきれていないことが多い」

つまりは、**短くまとめられないことは、長い言葉を使っても説明できない**のです。

「主張」の2つの条件、わかっていただけましたか? **「未知のもの」**であり、かつ**「短いもの」**。この2つを頭に入れて、具体的な「主張作り」のやり方を見てみましょう!

東大作文
Point 5

主張は「未知のこと」を「短く」言わなければならない

「主張作り」の手順

ではここから、「主張作り」の具体的な手順を説明します。

・①「4つの主張の型」（後述）の中から自分の主張の性質を選び、付箋に書く

主張には、そんなに多くの種類はありません。だいたい**4通りの主張の型**のどれかには当てはまります。最初にこの4つから、自分の主張を選ぶのです。

・②その型に沿って、付箋に「自分が書きたいこと」を3つ以上書く

この作文で書きたいことや、どんなことを相手に伝えたいのかを列挙しましょう。**主張を具体化してたくさん出してみるイメージ**です。付箋1枚に1つずつ。ここでは数を出すことが大切ですので、たくさん考えてみましょう。

ちぐはぐな身体

鷲田清一氏の文章は「言いたいこと」が非常に明確だからこそ、読者の持っている日常の疑問や日々の不思議をうまく氷解させてくれます。「言いたいこと」が明瞭だと読みやすい文章になるということを、この本で確認してみてください。
鷲田清一著　筑摩書房

・③その付箋の中から、「これを伝えたい！」という1つを選ぶ。残った付箋もとっておいて、作文するときの材料として利用する

「未知のもの」「短く」という2つの条件を満たしていて、かつ自分が「これが伝えたいんだよな！」と納得できるようなものを選びましょう。もし、そういった付箋がなかったらもう一度②をやってみましょう！

東大作文 Point 6

「主張作り」は3ステップでできる！

「4つの主張の型」とは何か

では、次に**「4つの主張の型」**を紹介します。この4つは、**「相手に何が言いたいか」で分かれる**ものです。みなさんも、「自分の言いたいことは何か」と照らし合わせて考えてみましょう。

①感情型

何が言いたいか	自分の感情
使われることが多い媒体	感謝状・チャット・レビュー・日記・メッセージ
例	「○○さん本当にありがとうございました！」という感謝状 「△△くんのさっきの言葉にとても傷付いた」という日記やメッセージ 「この映画がめっちゃよかった！　感動した！」というレビュー

自分が感じたことを言いたいときには、この「**感情型**」で伝えましょう。あくまで「自分の感情を伝えたい」というときに使うのであって、「こう感じたから、相手にこうなってほしい！」とお願いしたいときには、後に説明する「要望型」になります。

自分の思い・感情を相手に伝えることで、相手とより親密になったり、関係性をつなげるときには、この「感情型」がメインになります。

②共有型

何が言いたいか	出来事や状況
使われることが多い媒体	報告書・議事録・ノート・レポート・テストの解答・メモ
例	「〇〇という出来事により、このような問題が発生しました」という報告書 「今日の会議ではこんなことがありました」という議事録 「先生がこういうことを言っていた」というノート・メモ

相手に何かを知ってほしい・理解してほしいときに書くのが**「共有型」**です。ノートも、「未来の自分」に対して何かを説明するわけですから、未来の自分と情報を共有していることになりますね。テストの問題に解答するのも、「自分がわかっている」ことを相手に知ってもらうという意味で「共有」になります。

「感情型」との違いは、**「自分の感情がメインなのか、客観的な事実がメインなのか」**です。客観的に相手に情報を届けたい場合には「共有型」になります。

なお、相手に理解してもらい、その上でなんらかの行動をお願いしたい場合は、次の「要望型」になります。

・③要望型

何が言いたいか	お願いや改善してほしいこと
使われることが多い媒体	プレゼンや要望書・チャット・POP
例	「○○を買ってください！　お願いします！」というプレゼン
	「△△をもっとこうしてください！」という要望書
	「君の××みたいな行動は改めてほしい」というチャット

「何かを買ってほしい！」「こうしてほしい！」と相手に対してお願いしたいことがある場合に書くのが**「要望型」**です。「この本を買ってください！」「こういう契約をするといいと思います！」といった、お願いしたいことがあるときの主張ですね。

次に紹介する「警鐘型」と似ているので、注意してください。

・④警鐘型

何が言いたいか	多くの人がまだよく理解していないことや、わかっていないこと

使われることが多い媒体	ブログ・SNS・論文
例	「最近の若者はこういうことを忘れているんじゃないか」というブログ
	「これって意外とみんな忘れているよね」というSNS
	「こういう傾向があるのはよくないんじゃないか」という論文

多くの人が当たり前に思っていることに対して一石を投じたり、多くの人が知らないことを言って意識を変えてもらいたい場合などに書くのが**「警鐘型」**です。

「要望型」との違いは、先ほどの「感情型と共有型の違い」と同じく、「主観的か客観的か」です。**主観的に「お願いします！」というのが要望型で、客観的に「こうしたほうがいいと思うよ！」というのが警鐘型**です。

「4つの主張の型」

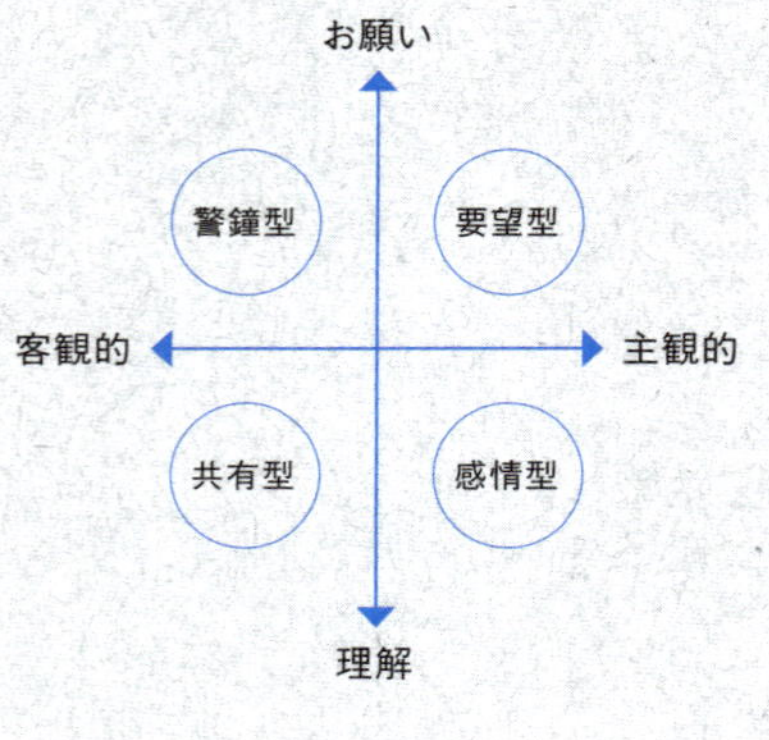

「主観的」「客観的」というのがピンとこない、という人もいるかもしれませんが、簡単な話です。**「自分」が主語なのが「主観」で、「みんな」が主語なのが「客観」**です。

「僕はこう感じた」と書きたいなら主観で「要望型」か「感情型」、「みんなもこうだと思う」と書きたいなら客観で「警鐘型」か「共有型」になります。

この4つのうち、自分の主張がどこに区分されるのかをしっかり認識しましょう。そうすると、自然と「主張作り」の②③もできてきます。

・「主張作り」の具体例

では、具体的な例を見てみましょう。

例1　本についての作文を書きたいとき

①自分の「書きたいこと」から、型を選ぶ

・本を読んで「感動した！」と感動を書きたいと思うなら「感情型」

・本を読んだことを誰かに話して、その本をちゃんと理解しているのかを確かめたいと思うなら「共有型」
・本を読んで「めっちゃいい本だから、みんなも読んだらいいよ！　買おう！」と書きたいと思うなら「要望型」
・「この本は、現代人が忘れているこういう考え方が載っていた」「自分と同じように○○に困っている人は多いはず。買うほうがいい！」と思うなら「警鐘型」

このように、4つの中から選ぶ。

②次に、その型に沿って主張を列挙する

要望型なら、「買って！」という要望に沿って作る。

たとえば……、

「このページ読んでほしいから買って！」

「こういうことが学べてめっちゃ役に立った！　買ったほうがいいよ！」

「これが学べる本は今までなかったので感動した！　おススメできる！」

「この本で語っているスキルで、自分もこういうふうにスキルアップできた！」

……などなど。「買って！」と思った理由を具体化して列挙しよう。

③最後に、列挙したものの中から自分の主張を選ぶ

長くてはいけないし、当たり前のことでもいけないので、ここでは、「これが学べる本は今までなかった！　おススメできる！」が、短くて、読む人も「当たり前」だとは思わないので、これを選ぶ。

例２　○○さんに感謝を伝えたいとき

①「感謝」は自分の感情なので、「感情型」を選ぶ

②「感情」を具体化して列挙する

「いつも○○を手伝ってくれてありがとう」「困っているときに助けてくれたのがすごくうれしかった」「△△してくれて助かった」「××の件でお世話になった」と列挙

③列挙したものの中から、「これがいちばん言いたい！」というものを選ぶ

「困っているときに助けてくれたのがすごくうれしかった」なら、相手にとって「ああ、何気なくやったけど、そこに感謝してくれるんだ」と未知のことかもしれないので、適切かな、と選んでみる

例3　実験のレポートを書くとき

①レポートで誰かに実験のことを知ってほしいので、「共有型」を選ぶ

②「共有」を具体化して列挙する

「この薬品を使うとこういう効果が出ることがわかった」「実験をする上で○○で失敗することが多かった」「授業で習った△△というのは正しいことが証明できた」と列挙

③列挙したものの中から、「これがいちばん言いたい！」というものを選ぶ

「この薬品を使うとこういう効果が出ることがわかった」なら、レポートを読む人にとっても未知の情報かもしれないので適切かな、と選んでみる

例4 「若者はもっと勉強するべきだ」とブログに書きたいとき

①主張の「型」を選ぶ

・自分の経験として「若いころに勉強しなかったから苦労することが多い、同じ轍を踏まないでほしい」と主観的な想いが強いなら「要望型」を選択

・「最近の若者が勉強不足で、今後の日本社会がこんなふうに悪いことになってしまうだろう」と客観的な視点で書きたいなら「警鐘型」を選択

②「要望」「警鐘」を具体化して列挙する

「要望型」を選択したら「要望」を具現化する。

「社会に出た後で活躍できるように、若いときに勉強しておいてほしい」「大人になってから後悔しないでほしい」「遊んでばかりで自分の才能を消さないでほしい」

「警鐘型」を選択したら、「警鐘」を具体化する。
「スマホばかり弄《いじ》る子供が増えて、最近の子供の勉強時間は急降下している」「これからの国際社会の競争はもっと苛烈になるから、日本が生き残るには若い子に勉強させたほうがいい」「若者がもっと勉強しないと、日本は将来脆弱な国になる」と列挙

③列挙したものの中から、「これがいちばん言いたい！」というものを選ぶ
「若者がもっと勉強しないと、日本は将来脆弱な国になる」というのがいちばん言いたいことだと思ったら、これを選んでみる。

東大作文
Point 7

主張の型は「感情型」「共有型」「要望型」「警鐘型」の4つしかない

「要望」と「警鐘」を混同すると、大変なことになる

「感情型」「共有型」「要望型」「警鐘型」……**すべての主張はこの4つのどれかに当てはまります**。自分の主張がどれに該当するのかを意識して「主張作り」を行えば、どんな作文だってできるはずです。

「でも、自分の主張が『要望』なのか『警鐘』なのかわからない……」
「感情も相手に伝えたいし、相手と情報共有もしたい！　でもそれって、『感情型』？『共有型』？」

もしかしたらそんなふうに、「選べない！」という人もいるかもしれません。しかし、ここではっきり申し上げておきたいのは、**選ばないと大変なことになる**ということです。

たとえば、次の文章を読んでどう思いますか？

「最近の喫煙者はマナーが悪い。昨日自分は、歩きタバコをしている喫煙者とすれ違って危険な思いをした。世の中のためにも、タバコは禁止にするべきではないか」

この文章を読んで、「そうだな！ タバコは禁止にするべきだ！」と思う人はどれくらいいるでしょうか。そんなに多くはないと思います。

・「型」がごちゃまぜだと、絶対に伝わらない

なぜこの文章が読者に伝わらないのか？ それは、**「要望」と「警鐘」がごちゃまぜになっている**からです。

「世の中のためにも、タバコは禁止にするべきではないか」というのは、主観的な意見ではありません。「世の中のため」と書いているのですから、客観的に見てそう判断している、という**「警鐘」の文**ですね。

しかし、その論拠はどうでしょう。「昨日自分は、歩きタバコをしている喫煙者とすれ違って危険な思いをした」というのは、**「自分の体験」、つまりは「主観」**です。

これがまぜこぜだと、「世の中のためとは言うけど、結局自分のためじゃないか」「それはたまたまその喫煙者のマナーが悪かっただけで、一般化できないんじゃないか」なんて言われてしまいます。

しかし、次の文章だったらどうでしょう？

「昨日自分は、歩きタバコをしている喫煙者とすれ違って危険な思いをした。歩きタバコは怖いから、本当にやめてほしい」

「要望」だということを認識して、主観的な意見として主張しているわけです。これなら「この意見は間違っている！」と反論する人はいないと思いますし、作文としてちゃんと伝わるものになっていると思います。

こんなふうに、**「要望」と「警鐘」のどちらか1つに絞って主張を作るほうが、主張としてしっかりする**のです。

これを混同して意見を作ってしまう人って、すごく多いと思います。個人的な体験・感

情から「もっと世の中はこうなるべきだ！」と語ってしまう人。逆に一般的なことを言いすぎて、主観的なことをお願いしているということが相手に伝わらない人。世の中には、そんな人がすごく多いです。

もちろん、「警鐘」の中にも自分の主観があっていいと思いますし、「要望」の中に世間一般的な客観的意見があってもいいと思います。でも、それはあくまでもちゃんと「この文章は『要望』だ」「これは『警鐘』を書いているんだ」と認識して、**どっちがメインなのかをわかった上で書く**必要があるのです。

たとえば、先ほどの文だって、

「昨日自分は、歩きタバコをしている喫煙者とすれ違って危険な思いをした。実は最近、歩きタバコをしている人がどんどん増えてきているそうだ。今後そういうマナーが悪い人が増えるなら、世の中のためにも、タバコは禁止にする必要があるかもしれない」

と、「一般的なことを言う」という目的のために、**補助として自分の体験を入れていたのなら、相手に伝わる**文章になります。「要望」なのか「警鐘」なのかを決めておくことは、大きな意味があるのです。

・「型」を最初に決めるから、方向性がブレない

これは「要望」と「警鐘」だけではありません。**「感情」と「共有」など、他のものでも当てはまります**。

「うちの猫のタマは可愛くて、見ていて私はすごく癒やされる」という主観的な話をずーっとしていたのに、いきなり客観的に「……ということで世の中の人は皆、猫を飼うべきだ！」と言い出したら、読者だって「え!?　それが言いたかったの!?」と驚いてしまいます。

「これ」と決めた主張の型に沿って「主張作り」をしないと、主張がブレて相手に伝わらなくなってしまうのです。

この「主張作り」では、「型」を決めてから「主張の素」を考え出します。そしてその中から主張を選び、残った「主張の素」は実際に作文するときに利用します。

「型」があって「主張の素」を作るので、方向性がブレません。実際に主張をもとに作文を書くときにも、伝わりやすい文章が書けるようになるのです！

東大作文 Point8

「型」は、かならず1つに決めなければならない

3 目的作りで「読者を引き込む」文章が書ける

「目的作り」とは

さて、「主張作り」の次は「目的作り」です。

「主張作り」は「主張の型」を意識することで「最後の結論」「自分の言いたいこと」を明確化するというものでした。次の「目的作り」は、**その「言いたいこと」を伝えた相手にどうなってほしいのかを考える**というものです。

「どうなってほしいのか」というのがよくわからない、という人もいると思いますが、その前に1つ、みなさんに知ってもらいたいことがあります。

それは、「報告はするな」ということです。

・「報告はするな」とはどういうことか

みなさんは誰かに「報告」をしたことはありますか？　たぶん、どなたも「今日はこんなことがあったんだー」なんて、誰かに何かを「報告」した経験があると思います。だから、それと同じノリで、文章を書くときに「報告」をしてしまう人も多いのですが、実は**「ただ報告するだけの文章」を作文してはいけない**のです。

「えっ、なんで？」と思う人のために、1つ話をさせてください。

実はこの前、僕は友だちと、大学の近くの定食屋で刺身定食を頼んだのですが、テーブルの醤油が切れていたのです。

……はい、どうですかみなさん？

「は？　だから何？」って感じですよね？

そうなんです。報告って、「だから何？」って相手に言われてしまうんです。

なぜならば、**そこには「意図」がないから**です。「結局何が言いたいのか？」をはじめに考えよう、とお話ししてきましたが、報告はこの逆。「何が言いたいのか?」ではなく「言うことそれ自体」に重きが置かれてしまうのです。

「はじめに」で、いい作文とは双方向性のあるものだとお話ししました。相手のことも考えながら、自分の意見を述べることが「東大作文」の真髄だ、と。

「報告」は、一方的な行為です。書き手が「ただ言いたいから」書くもの。それが報告です。それでは、**読み手に「え……だから何?」と言われてしまいます**。

「え? でも『報告書』みたいに、報告するために書くことだってあるじゃない?」

そう考える人もいるかもしれませんが、報告書で書くのは「報告」ではありません。**「共有」**です。「共」の字が入っているからわかると思いますが、「双方向的」なものなんです。

相手と話を「共有」して、相手の了承を得たり、時には相手の意見をもらったりするためのものです。相手に知ってもらい、相手から意見をもらう。一方的に相手に報告するのではなく、その先の**「相手からの行為」まで視野に入れて書くのが「報告書」**です。

ノートや議事録にしてもそうです。

先生の話や会議で出た意見を一言一句、すべて書き留めたところで成績は上がりませんし、議事録の意味をなしません。ただ何の意図もなく「こんなことがありました」と報告しているだけになってしまいます。これでは読む側だって読みにくいですよね。

真にやるべきは、**そのノートや議事録を読む人のことを考えて、「その人がどういう情報を求めそうか」「何が知りたくてその文を読むのか」を考えて書く**ことです。ノートなら未来の自分がわかりやすいように、議事録なら今度読む誰かがわかりやすいように書く。**何の意図もなく一方的に書いても意味がない**のです。

・「目的作り」とは、意図を考えること

そして、**「目的作り」とは、その「意図」を考えること**です。

「主張作り」は、「自分が言いたいことを明確化すること」でした。それに対して**「目的作り」は、「相手にどうなってほしいかを明確化すること」**なんです。

読んだ相手がどうなることが理想的なのか？　相手がどういう行為をすれば、書いた意味があったことになるのか？

相手に理解してもらえばそれでいいのかもしれないし、何かを変えてもらいたいのかも

しれない。そういう、**「相手がどうすれば成功なのか」**という**「意図」**を考えるのが**「目的作り」**なのです。

「東大作文」の真髄は「双方向性」であると言いました。**「主張作り」**は**「自分→相手」**でしたが、**「目的作り」**は**「相手→自分」**。相手からの矢印を作ることで、双方向的で理解しやすい作文が作れるようになるのです！

東大作文
Point 9

書き始める前に、読者にどうなってほしいのかを明確にする

「目的作り」のやり方

それでは、具体的な「目的作り」のやり方を見ていきましょう。

・①「主張作り」で選んだ型を確認する

自分が決めた主張が、先ほどの「感情型」「共有型」「要望型」「警鐘型」のどれなのかを確認します。

・②下の図に沿って、「目的」と「手段」を確認する

【感情型】↓「理解」「共感」
【共有型】↓「理解」「納得」
【要望型】↓「変化」「共感」
【警鐘型】↓「変化」「納得」

これが、各主張に沿った目的と手段です。

「目的」「手段」は主張の型によって決まる

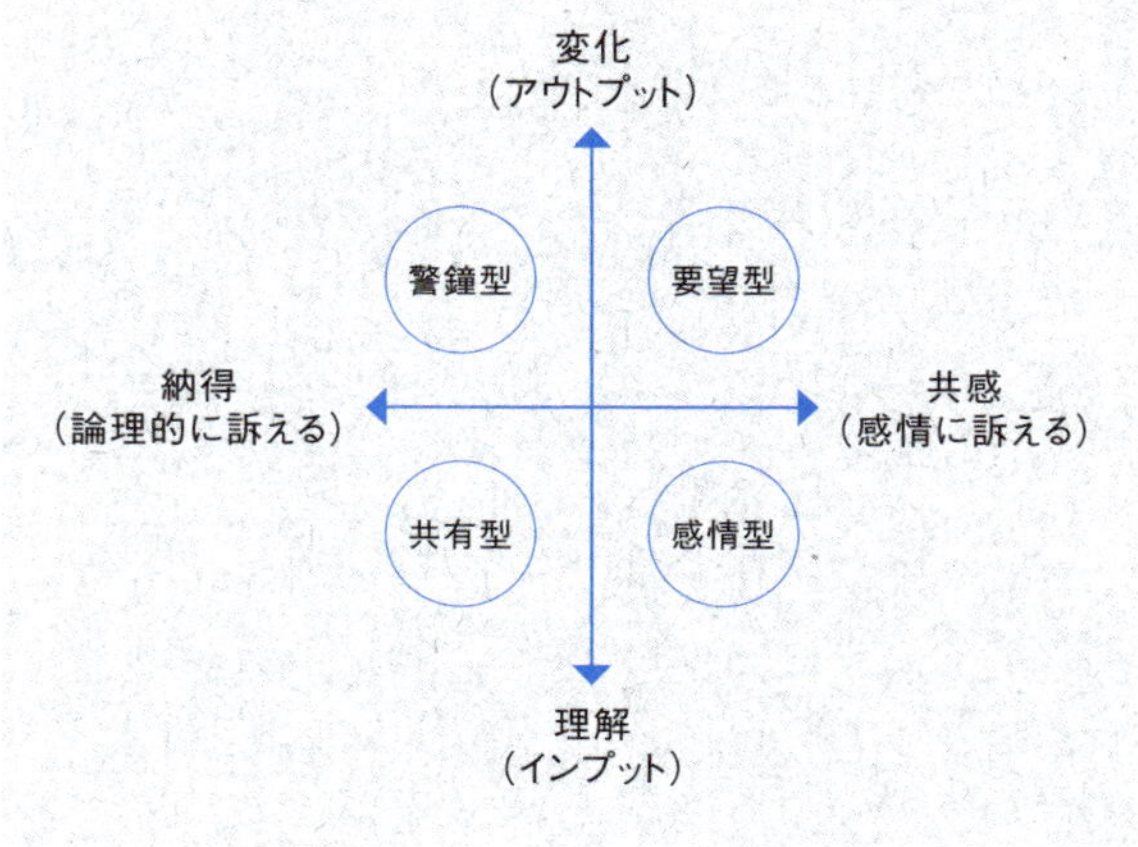

学びを結果に変えるアウトプット大全

「読者にアウトプットしてほしい」という目的が非常にしっかりしている本が、この『アウトプット大全』です。「どうしてこの本を読むと、読者は変化するのだろう？」という疑問を持って読んでみてください。
樺沢紫苑著　サンクチュアリ出版

・③「主張作り」で作った付箋を見ながら、「目的」と「手段」を言葉にして付箋にまとめる

「変化」「納得」「共感」「理解」を具体化して、またこれも付箋でまとめてみましょう。

これが「目的作り」です。いきなり「手段」が出てきて驚いたかもしれませんが、実はこれも、ある意味では「目的」なのです（後述）。

東大作文 Point 10

主張の「型」に合わせて、「目的」「手段」を決める

「目的」「手段」にはそれぞれ2種類ある

では次に、それぞれの「目的」と「手段」を見ていきます。

・目的①：変化（アウトプット）

「主張作り」では「お願い」と表現していたものです。**「相手に何か変わってほしい」**とい

う目的です。

「この文章を読んだ人に、自分がおススメした本を買ってほしい」「こういうところを直してほしい」と、**相手が読む前と読んだ後で明確に変化すること**が理想です。

ただ相手に理解してもらう以上の何かを求めており、相手の具体的な行動を招くことが目的なので、「アウトプット」とも表現します。

・目的②：理解（インプット）

「主張作り」でも「理解」と表現していましたね。**「相手に知ってほしい」**という目的です。

「この文章を読んだ人に、文章の内容をわかってもらう」という状態が理想です。

「変化」との違いは、「読んだ人の具体的な行動（アウトプット）」が伴うかどうかです。

相手に知ってもらうこと自体が目的なので、「アウトプット」は求めず、「インプット」を求めます。

・手段①：納得（論理的に訴える）

「主張作り」では「客観的」と表現していたものです。**「相手に納得感を与える」**ことを指します。「この文章を読んだ人が、『たしかにそのとおりだ』と納得する」状態が理想です。

私とは何か「個人」から「分人」へ

「分人という新しい概念を提案する」という著者の目的が非常に明確で、それに合わせて文章が書かれている新書です。この目的がずっと通底しているからこそ非常に読みやすく感じられる、ということを知ることができると思います。
平野啓一郎著　講談社

そのために、データや実験などの信頼性の高い情報も提示して、あくまで論理的に訴えます。

・手段②：共感（感情に訴える）

「主張作り」では「主観的」と表現していたものです。**「相手に共感してもらう」**ことを指します。「この文章を読んだ人が、『それ、すごくよくわかるな』と共感する」状態が理想です。

そのために、自分の体験や感情を表現して、あくまで感情的に訴えます。

この4つの目的を見た上で、もう一度4つの型を確認してみましょう。

感情型	「共感」が手段で「理解」が目的。	相手に感情的に訴え、相手に何かを理解してもらう。
共有型	「納得」が手段で「理解」が目的。	相手に論理的に訴え、相手に何かを理解してもらう。

要望型	「共感」が手段で「変化」が目的。	相手に感情的に訴え、相手に何か具体的な変化を与える。
警鐘型	「納得」が手段で「変化」が目的。	相手に論理的に訴え、相手に何か具体的な変化を与える。

こんな感じですね。これをもとに、「目的の付箋」を作るのが「目的作り」です。

東大作文
Point 11

「目的」には「変化」と「理解」、「手段」には「納得」と「共感」がある

「目的作り」の2つのポイント

さて、「目的作り」には、2つのポイントがあります。

・ポイント1：「共感」にはかならず「自分の感情」を入れよう！

共感は、相手に感情的に訴えることだと説明しました。なので、**主張にあまり「自分の感情」が入っていなかったら、ここで付け足してみましょう。**

「これが学べる本は今までなかった！　おススメできる！」

↓「共感＝今までの本では学べなかったこんなことが学べて、自分はとてもうれしかった」

こんな感じです！

・ポイント2：「変化」は、かならず「変化前」と「変化後」を意識しよう！

買っていなかった人が本を買ったり、間違っていた行動をしていた人がその行動をやめたりと、**「変化」にはかならず「変化前」と「変化後」があります。**

「変化」が目的の場合は、「変化前」と「変化後」を考えてみましょう。そして、「変化する理由・要因」が「共感・納得」になっているとベストです！

「若者がもっと勉強しないと、日本は将来脆弱な国になる」
↓「納得＝このままでは日本が将来脆弱な国になってしまう」
「変化＝だから、若者がもっと勉強するようになってほしい」

こんな感じです！　「納得」が「変化」の理由になっていますよね。

・「目的作り」の具体例

では、具体的な例をもとに「目的作り」をさらに掘り下げていきます。

例１「この薬品を使うとこういう効果が出ることがわかった」という主張

①共有型
②「納得」が手段で「理解」が目的
相手に論理的に訴え、相手に何かを理解してもらう。

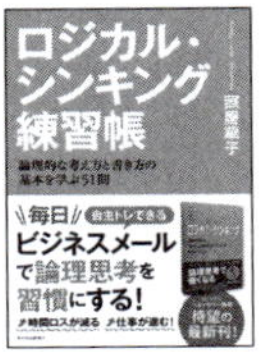

ロジカル・シンキング練習帳

『東大作文』とはまた少し違ったアプローチで、ビジネスメールという「作文」から論理的思考力を身につけることができる本です。この本も、「アウトプットする」という変化を求める1冊でもあり、非常に読む価値が高いと思います。
照屋華子著　東洋経済新報社

③納得＝「こういう実験結果が出た」
理解＝「だから、この薬品を使うと効果があると言える」

例2 「困っているときに○○さんが助けてくれたのが、すごくうれしかった」という主張

①感情型

②「共感」が手段で「理解」が目的
相手に感情的に訴え、相手に何かを理解してもらう。

③共感＝「困っているときに助けてくれたのが、自分はとてもうれしかった」
理解＝「だから、自分は○○さんにすごく感謝している」

例3　「これが学べる本は今までなかった！　おススメできる！」という主張

①要望型

②「共感」が手段で「変化」が目的

相手に感情的に訴え、相手に何か具体的な変化を与える。

③共感＝「今までの本では学べなかったこんなことが学べて、自分はとてもうれしかった」

変化＝「この本を読んで、みんなにもうれしくなってほしい」

例4 「若者がもっと勉強しないと、日本は将来脆弱な国になる」という主張

①警鐘型

②「納得」が手段で「変化」が目的

相手に論理的に訴え、相手に何か具体的な変化を与える。

③納得＝「このままでは日本が将来脆弱な国になってしまう」

変化＝「だから、若者がもっと勉強するようになってほしい」

「主張作り」で作った主張がより明確になって、わかりやすくなっているのがわかるでしょうか？　例3や例4が顕著ですね。

「目的作り」は、相手のことを意識して主張を再定義することに他なりません。だから、「目的作り」をすると、より相手に伝わりやすい主張を作り出すことができるようになる

のです。

そして、実際にやってもらえるとわかるのですが、「納得」と「共感」を「目的のための手段」としてご紹介してはいますが、**実際はこれも「目的の一部」**だったりします。

どういうことかというと、作文において「相手に納得感を与える」「相手に共感してもらう」というのは「手段」というより「作文で相手に納得／共感してもらう」という、一種の「目的」です。ここでは「納得」も「共感」も「手段」として紹介しましたが、実際は「目的の一部」なのだとご理解ください。

そう思っておいていただけると、多分これから実際に作文する上で「納得を作らなきゃ！」「共感してもらわなきゃ！」と目的意識が湧き、いい作文ができるようになると思います。

東大作文
Point 12

「目的作り」は主張を再定義して、より明確化すること

「理解（インプット）」よりも「変化（アウトプット）」を目指せ！

「目的作り」のやり方、ご理解いただけたでしょうか。

作文を書く前に、自分は何が言いたくて、それによって読んだ相手がどうなるのが理想なのか、ということまでしっかり決めておくわけです。ここまで準備しておけば、「何を書いていいのかわからない！」という悩みとはオサラバできると思います！

・インプットとアウトプットの違い

さて、その上で、「インプットとアウトプットの違い」についてお話ししておこうと思います。

みなさんは、読者に「理解」してもらうのと、読者を「変化」させるのと、どっちのほうが大変だと思いますか？　答えは、「変化」です。**相手に理解してもらうことよりも、相手を変化させることのほうが、何倍も難しい**のです。

アドラー心理学では「変えられるのは自分、変えられぬのは他人」と謳っていますが、まさにそのとおりで、人のことを変えるというのはなかなか難しいものです。ましてそれを、文章だけでやろうとするのですから、かなり難易度が高いように感じられます。

しかし、**目指すべきは「変化」のほうです。なぜなら、「変化」というのは読み手から書き手への大きな「↓」だから**です。

「双方向的な作文を」が「東大作文」のテーマです。双方向的な文章を目指すことで、相手に伝わりやすい良い文章が書ける、ということをお話ししてきました。

そこでいくと、相手が文章を読んだことで何かを変えてくれる、相手のほうからアウトプットしてくれるというのは、**読み手が大きく書き手のほうに身を乗り出している状態**です。「へえ！　やってみようかな！」と思ってくれているわけですから。

なので、**相手が何かをアウトプットするというのは、相手にとって文章をより深く理解する**ことにもなります。「実際にやってみよう！」と思うからこそ、より深く文章を読んでくれるのです。

・アウトプットを意識した作品は強い

アウトプットまで意識した作品というのは、強いです。料理のレシピ本や健康のためのヨガの本などは昔から多く存在していますが、それは買った人が実際に料理を作ったり、ヨガを実践したり、読んだ人が実際に行動まで落とし込めるからこそ、ずっと愛読されて

メルマガ　現役メンズバイヤーが伝える
洋服の着こなし&コーディネート診断

ファッションについての文章を書いているMB氏ですが、写真をうまく使って読者を飽きさせない工夫や、ファッション素人でもわかる言葉を選ぶなど、非常に読みやすい、双方向的な文章を作っていらっしゃいます。
MB著　https://www.mag2.com/m/0001622754.html

います。

以前『カメラを止めるな！』という映画が大ブレイクしました。あの作品は鑑賞した人がＳＮＳで感想を言いたくなる作品でした。だからこそ、観た人の心にも残り、その想いがＳＮＳで拡散されて口コミでヒットしていきました。

また、樺沢紫苑著『アウトプット大全』（サンクチュアリ出版）という本はベストセラーになりましたが、この本を読んだ人がTwitter上で「今日楽しかったこと3つ」をツイートするようになりました。そうやって具体的に行動に変化が起こったからこそ、読者もその本への理解がより深まったわけです。

売れている本、読まれているネット記事やブログ、評価されている作品……**それらの多くは、読んだ相手が具体的に変化して「アウトプット」することまでを、はじめから目的にしている場合が多い**です。だからこそ、難易度が高くても「変化」を目的にすることには意味があるのです。

ちなみに僕は今、この本を**「警鐘型」**として書いています。なので、みなさんが「納得」して「変化」してくれることが僕の目的です。実際にみなさんに行動していただかないと、僕の目的は達成されません。

だからこそ、みなさんも実際に、「あとがき作り」を実践してみてください！　きっと、相手に伝わりやすい良い文章が書けるようになりますよ！

東大作文
Point 13

目指すのは相手を「変化」させる文章

THE UNIVERSITY OF TOKYO WRITING TECHNIQUES

STEP 2

目次作りで「見違えるほど読みやすい文章」になる

——東大生は「つながり」と「順番」を意識する

1 文章の読みやすさは「論理」で決まる

あなたが思っているほど、読者は頭がよくない

主張を決めた後は、いよいよ実際に文章を書いていきます。

ここで紹介する**「目次作り」は、論理的で相手に伝わりやすい文章を書くために、どんな形で文章を書けばいいのかを理解できるスキル**です。

しかし、それをご紹介する前に、ここで残念なお知らせがあります。

それは、あなたの文章を読む読者は、読解力のある読者ではないということです。

誤解を恐れずにはっきり言います。


あなたが思っているほど、読者は頭がよくないのです。


「は⁉　何言ってんの⁉」と思うかもしれませんが、これ、作文をする人がかならずたどり着く、1つの真理なのです。

僕は多くの東大志望の学生の勉強を指導してきました。東大の入試問題はほぼすべて記述式ですから、学生が作った文章をごまんと添削してきました。

そしてその中で、ほぼ毎回、学生に言う言葉があります。

「これ、伝わらないよ？」です。

ほとんどすべての学生、すべての答案で、「ここの言葉、よくわからないよ」「ここの内容は伝わらないな」と指摘するのです。

・東大受験生も、例外ではない

たとえば英作文の問題で、こんな文章を作っている人がいました（日本語でご説明します）。

> Q：車と電車、どちらに乗るほうがいいと思いますか？
> A：私は、車よりも電車を使うべきだと思う。なぜなら、空気が綺麗になるからだ。

はい、どうでしょうかみなさん？　この文章、伝わりますか？

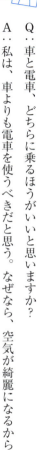

伝わるといえば、伝わるのだと思います。「多分、車は二酸化炭素が排出されるけど電車はあまりされない。だから、電車に乗るほうが世の中の空気が綺麗になる……ってことかな？」と、わかる人も何人かいらっしゃると思います。

でも、これは**作文としては赤点**です。だって、

「車よりも電車を使うべきだと思う」→「なぜなら、空気が綺麗になるからだ」

って、**明らかに飛躍していますよ**ね。先ほどのように読者が補って考えないと、何が言いたいか伝わりません。

しかし、「これ、伝わらないよ?」と言うと、決まって学生は「え? どこがですか?」「これ、つながってるじゃないですか」と言います。「いやでもここが……」と指摘し続けても、そのまま議論は平行線になって、結局学生は**「でも、この解答を採点する人は東大の教授でしょ? 頭いいんだからわかってくれますよ」**と言います。

そう、これなんです。

これが良い作文を邪魔する最大の病、**「読者は頭がいい病」**です。

・「読者は頭がいい病」とは

「まあ、わかってくれるでしょ!」

「多少飛躍してたり、難しくても、読者はわかってくれる!」

そう思い込んで、言いたいことが何なのかわからない文章を作ってしまう病。それが「読者は頭がいい病」です。

この病気にかかると、「読者にわかってもらおう」「読者にこの文章、伝わるかな？」という意識が低下し、**「まあ、わかるだろ」と読者のことを意識せずに書き進めてしまう**のです。

しかもこの病気のタチの悪いところは、頭のいい書き手であればあるほど、この病気の深刻なステージ**「読者は自分と同じくらい頭がいい病」**にかかってしまうことにあります。

「これくらいの知識は、自分も知ってるんだから、当たり前だよね」「自分がわかるんだから、読者だってわかるはずだ」と思い込んでしまい、自分の常識を読者にも押し付けて「何だよこれ、ぜんぜん伝わらないじゃん！」という文章を作ってしまいがちなのです。

「いや、でもさすがにこんな文章は書かないよ」と思うかもしれませんが、**そういう人こそ、この病気の患者かも**しれません。

この作文をした学生も、他の子の論理が飛躍している作文を見せると「ここ読みにくい！」「これは減点されちゃうんじゃない？」と簡単に指摘できます。他人の文章は簡単に「ここがおかしい！」と言えるけれど、自分の文章になった途端に「え？　なんでこれがわからないの？」となってしまうのです。

・東大は「論理の飛躍」に死ぬほど厳しい

ちなみに「作文を採点する人は東大の教授で、頭いいんだからわかってくれる！」という**甘えを、東大はバッサリ切って捨てます**。論理が飛躍していたり、わかりにくい文章になっていた瞬間0点にします。断言できます。なぜなら僕が証人だからです。

偉そうに言っていますが、**僕も昔は、完全にこの病気の患者でした**。作文して読んでもらっても「え？　何が言いたいの？」「これ、相手に伝わらないよ」と言われてしまう。それに対して「えー？　なんで伝わらないの？」「伝わらないのはあなただけなんじゃないの？」と思ってしまい、自分の作文を見直そうとしなかった。見直さないで自分の書きたいように書くから、ますます伝わらなくなって……そんなことを繰り返して、東大から2回も「不合格」を突きつけられて、初めて自分が間違っていることに気がついたのです。

だから僕は、みなさんに同じ過ちを犯してほしくありません。

これから僕は、**「読者は頭がいい病」を治すために僕が編み出した絶対の治療法**を、み

ほぼ日刊イトイ新聞の本

糸井重里さんの文章は、本当に「読者目線」に立って書かれています。文字の1つひとつ、言葉の選び方1つひとつが、「読者が読みやすいように」配慮して書かれていることがわかります。僕も「糸井さんのような文章が書きたい！」と憧れています。

糸井重里著　講談社

なさんに提案します。

しかし、この病気を治すには、本人の強い意志が必要です。「この病気にかからないぞ!」という強い思いを持ち、「相手に伝わる文章を書こう」という意識を持ってください。

そうすれば、この病気を克服することができるはずです!

東大作文
Point 14

読者は「頭のいい読者」ではない

親切な文章とは、要するに「論理的な文章」のこと

「読者は頭がいい病」を治す意志は固まりましたか?

ではここから、どうすれば「読者は頭がいい病」を治せるのかをご説明していきたいのですが、その前に。

私は、車よりも電車を使うべきだと思う。

なぜなら、空気が綺麗になるからだ。

これ、いったいどうして「相手に伝わらない作文」なのか、わかりますか？　逆に、どんな文章を書き足せば、相手に伝わる文章になるのでしょう？

先ほどは、「論理が飛躍しているから」だとご説明しました。**「論理が飛躍している」って、いったいどういう状況なのでしょう？**

・「論理とは何か」を考え直してみよう

その説明をするために、まずは「論理」というものをご説明します。

「論理的思考力」とか「論理の破綻」「論理の飛躍」とか、「論理」という言葉を聞くタイミングって多いと思うのですが、具体的にこれが何なのか深く考えたことのある人は少ないかもしれません。

一言で説明すると、「つながり」です。「論や文章・話のつながり」が論理であり、「物事のつなげ方」が「論理的思考力」です。

たとえば、

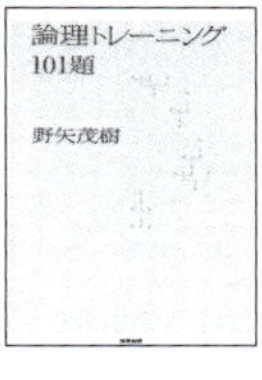

論理トレーニング101題

「論理」についてより深く知りたければ、この野矢茂樹氏の「論理トレーニング」で練習することをオススメします。普段何気なく使っている接続詞や文章の「つなぎ方」を、一度刷新して学び直すことのできる、勉強になる1冊です。
野矢茂樹著　産業図書

「彼は足が速いから、次のかけっこではいちばんになれるだろう」

と聞いても、違和感を覚えませんよね。

「彼は次のかけっこではいちばんになれるだろう。なぜなら、彼は足が速いからだ」

でも同じだと思います。これは、論が通っていて相手も理解しやすい、「論理的な」状態です。なぜなら、

「彼は足が速い」→「次のかけっこではいちばんになれるだろう」

と、**2つの要素の「つながり」が見えやすい**からです。

しかし、

「彼は足が速いから、次のかけっこでは2番になれるだろう」

と聞いたら、みなさんは「え？　なんで2番？」と戸惑うと思います。「足が速いなら、いちばんじゃないの？」と驚くと思います。なぜなら、

「彼は足が速い」→【しかし、クラスには彼より足の速い子が1人いる】→「だから、次のかけっこでは2番になれるだろう」

と、間に1つ情報が挟まっているのです。

これを書いていないために、**2つの要素の「つながり」が見えにくくなってしまい、結**

果「論理的でない」「わかりにくい」文になってしまっているのです。

「論理的」というのは、このつながりがしっかりしていることを言います。

「私は、車よりも電車を使うべきだと思う」
↓「車は電車とは違って、燃料にガソリンを使っている」
↓「ガソリンは、使えば使うほど大気汚染の原因になる」
↓「だから、車ではなく電車を使うほうが、空気が綺麗になるだろう」

こんなふうに、この「↓」の関係性がしっかり見えているものでないと、「論理的」な文章にはならないのです。先ほどの、

「私は、車よりも電車を使うべきだと思う」
↓「なぜなら、空気が綺麗になるからだ」

では、**間に書くべきいくつもの論を飛ばしてしまっている**。だから2つの間にある「↓」

が見えにくいし、相手にも伝わらない。

つまり、**相手に伝わる論理的な文章を書きたかったら、「つながり」を意識する必要がある**のです。

・論理的でない文章は「道のりを示さないカーナビ」と同じ

STEP1で、「『カーナビ』でもはじめに目的地を入力しないと、目的地までの道のりがわからない」という話をしたのを覚えていますか？

論理的でない文章は、この**「道のり」が不透明な文章**なんです。

「まあなんか、北のほうに行ったらいつか富士山にたどり着けます！」

とカーナビに言われたら、誰だって怒ると思います。きちんと、「この道をまっすぐ行って、右に曲がって、次は左です！」と説明してもらえなければ、誰も富士山までたどり着くことはできない。だからこそ、丁寧に論理を作っていく必要があるのです。

東大作文
Point 15

言うべきことが1つでも欠けると、論理的な文章にはならない

読者の位置を掴もう

では、「読者は頭がいい病」を治し、論理的な文章を書くためにはどうすればいいのか？

それは、**「読者の位置」をしっかり理解すればいい**のです。

先ほどの「あとがき作り」で、読者をどこに導きたいのかという「ゴール」は理解できたはずです。

しかし、ゴールだけがわかっても、読者がどの位置にいて、どういうルートをたどるといいのかを理解しなければ、相手はゴールにたどり着けず、「何を言っているのかわからない」という状態になってしまいます。

カーナビでも同じですよね。目的地だけ入力しても、現在地がわからなければ、案内することはできません。

そして、**「読者の位置」を理解すれば、「読者は頭がいい病」も消え去ります**。読者のことをきちんと理解しているなら、自然と「これは伝わらないな」「ここ、論理が飛躍しているな」と理解できるようになってきます。

もしそれで読者の現在地と目的地の距離が遠いことがわかったとしても、そのときはそのときで対処できます。**距離が遠いのなら、いったん距離の近いところをゴールにしていけばいい**のです。

たとえばみなさんだって、「すいません、北海道から沖縄まで車でどうやって行けばいいですか？」と聞かれたら「え!?」と答えられないはずです。距離が遠いから、どう説明していいかわかりませんよね。

これと同じで、一発で遠いところまで読者を連れて行くことはできないんです。まずは北海道から青森までの行き方、その後青森から岩手、岩手から宮城……と順番に、距離の短い区間を説明していって、最後に沖縄までたどり着ければいい。

遠くても、「遠い」ということを自覚すれば、論理的な作文ができるのです。

東大作文
Point 16

読者の位置がわからないと、書くべきことがわからない

2 ルート選びで論理的な「正しい順番」の〝型〟がわかる

文章の「型」をマスターすればどんな作文も自由自在

さて、ここから「読者の位置」をしっかり把握して、どうやってそこから「ゴール」までの道のりを作っていくのかについてご説明していくわけですが、ぶっちゃけここまでの過程で、「作文ってめんどくさそうだなぁ……」と思っている人、けっこういるのではないでしょうか。

「目的地」を決めて「読者の場所」を探して「具体的なルート」を考えて……と、一見するとやることが多いように見えると思います。

しかし、**その悩みはこの「ルート選び」で解消**します。

今から紹介する「文章の型」を決めてしまえば、後はそれに合わせて書いていくだけです。**この文章の型さえ理解しておけば、誰でも簡単に、相手に伝わる文章の骨子を作ることができる**のです。

・「型」は高速道路のようなもの

文章には、**王道の3つの型**が存在します。過去から現在に至るまで、どんな文章もこの型に沿って作られている、**当てはめるだけで論理的な文章が書ける「型」**です。

先ほどのカーナビの例で説明するなら、この型は「高速道路」です。カーナビを使う人なら理解していただけると思いますが、まず遠くまで行こうと思ったら「現在地からいちばん近い高速道路の入り口」まで案内され、そこから高速道路に乗って目的地近くまで行き、そして高速道路から降りて目的地まで行く、というルート案内が多いですよね。

車に乗らない人は、電車を思い出してください。遠くに行こうと思ったら、まず駅に行って、そこから目的地近くの駅まで電車で行きますよね。駅に行かないで歩いて行こうと思ったら、膨大な時間がかかるし、道を探すのも大変です。

それと同じで、どこかに行くときには、**多くの人が使う王道のルート**が存在します。

その道を使うだけで早く、そしてラクラク目的地の近くまでたどり着くことのできるルート。それが「型」なのです。

・型は「文章の王道」だ

「読者は頭がいい病」にかからないようにするためには、「読者の位置」を理解して、「そこからゴールまでのルート作り」をしなければならないとご説明しました。

しかし一から読者の位置を考え出し、その位置からゴールまでのルートを一から作っていては大変です。それよりも、**「王道の型」を覚えて、読者の今の位置から「どのルートがいちばん伝わりやすいか」を選び、その型通りに目的地近くまで運ぶ**ほうが何倍もラクなのです。


「えー、でも型って難しそう……」

「『王道の文章』だなんて、複雑なものなんじゃ……」

と思うかもしれませんが、大丈夫です。この「王道」は、昔からよくある、みなさんもよ

く見てきているはずの文章の型なんです。見覚えがあるはずですから覚えやすく、また一度覚えれば後は何とでもなります。

ちなみに、東大入試現代文の過去10年分の文章も、センター試験の国語の文章も、中学・高校の教科書で使われている文章も、**すべてこの3つの型で説明できます**。だからみなさんも絶対どこかで目にしたことがあるはずだし、これからもたくさん見ることになると思います。そんな「王道の3つの型」を知って、ぜひ「ルート作り」を習得してみてください！

東大作文
Point 17

3つの「王道の型」をマスターすれば、どんな人にも伝わる文章が書ける

王道の3つの型

では具体的に、「3つの型」を見ていきましょう！

・①同格型

概要	自分の主張を、違う言葉で言い換えながら提示していく型
どんな読者に使うか	その主張に少しなじみがある読者に使う
どんな文に多いか	説明・論説・チャット・説得……幅広く使われる

主張を何度も言い換えながら繰り返し語ることで相手にわかってもらうのが「同格型」です。

たとえば、まずは「こんなことが言えるんです！」と主張を言い、その主張の理由や具体例、その主張の詳しい説明などを述べていきます。そして最後に、「ということで、やっぱりこうなんです！」ともう一度主張を言う……という方式です。

最初と最後に同じ主張を述べるので、プレゼンの世界では「サンドイッチフォーマット」とも呼

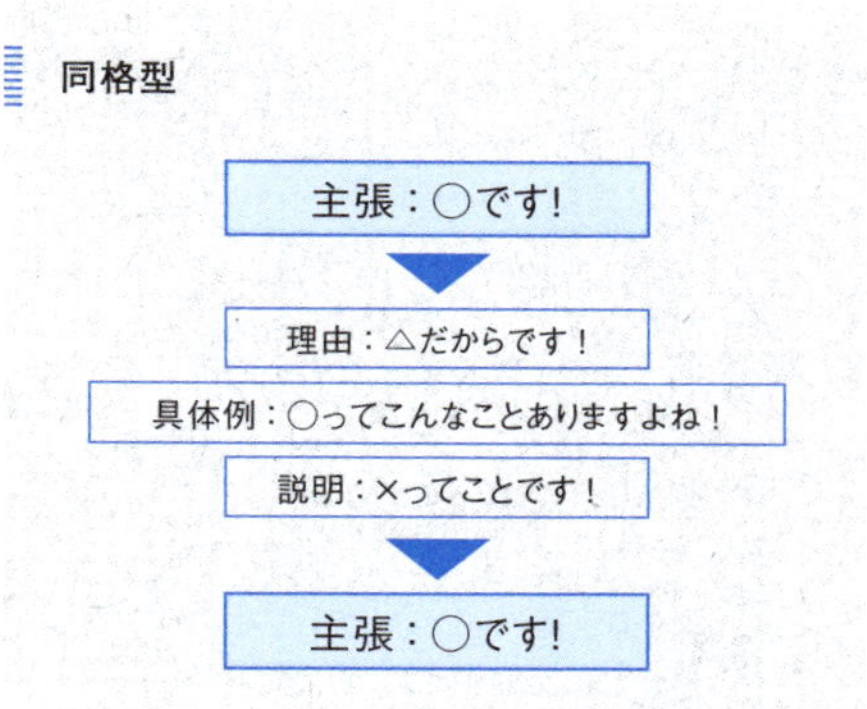
同格型
主張：○です！
理由：△だからです！
具体例：○ってこんなことありますよね！
説明：×ってことです！
主張：○です！

キノの旅

時雨沢恵一氏の物語は、どれも非常にキレイな構造になっています。読者にとってわかりやすい、起承転結のはっきりしたテンポの良い小説を書くのが上手です。特にこの『キノの旅』は非常に明快で、お話の構造を理解する勉強になります。

時雨沢恵一著　KADOKAWA/アスキー・メディアワークス

ばれます。

王道の中の王道、世の中の文章の中でいちばんよくある型です。

同格型の例

勉強中はチョコレートを食べるといい。脳を稼働させるとき、チョコレートに含まれる糖分がそのエネルギーとなるからだ。実際、勉強中にチョコレートを食べるほうが集中力が上がるという研究結果もある。集中して勉強したいのであれば、チョコレートを食べながらのほうがはかどるのだ。

「勉強中はチョコレートを食べるといい」という主張を、

「脳を稼働させるとき、チョコレートに含まれる糖分がそのエネルギーとなる」（主張の理由）

「勉強中にチョコレートを食べるほうが集中力が上がるという研究結果もある」（主張の

具体例）
「集中して勉強したいのであれば、チョコレートを食べながらのほうがはかどる」（主張の繰り返し）
……と、何度も繰り返し述べていることがわかりますね？

理由になっていたり、具体例になっていたりと、微妙にニュアンスは違いますが、**基本的に同じ主張をずっと繰り返しているだけ**です。何度も同じことを言って、とにかく相手にわかってもらうのがこの「同格型」です。

・②因果型

概要	「因果関係」、つまり「原因」と「結果」の関係が文章の中で作り上げられる型
どんな読者に使うか	その主張を聞きなれない、耳にしたことのない読者に使う
どんな文に多いか	レポート・議論の分かれる内容、読者にとって未知の内容が多い説明文

原因になる事実を並べていき、最後に「ということで、こうなんです！」と結果である

自分の主張を持ってくるのが「因果型」です。

たとえば、まずは「○○ってありますよね」「○○ってどうなんでしょうね？」と客観的な事実や読者が抱えていそうな疑問を投げかけます。「主張作り」で言うところの**「既知の事柄」**が「○○」には入り、それを補足説明したり具体例を挙げて説明したりします。

その後、「○○って××ですよね」とどんどん未知の方向に進んでいき、最終的に「××だから、●●なんです！」と自分の主張を最後に述べる。これが因果型です。

先ほどの「同格型」では「主張」を最初に言っていましたが、それをあえて言わず、代わりに**みんなが知っている事実や質問から入る**

因果型

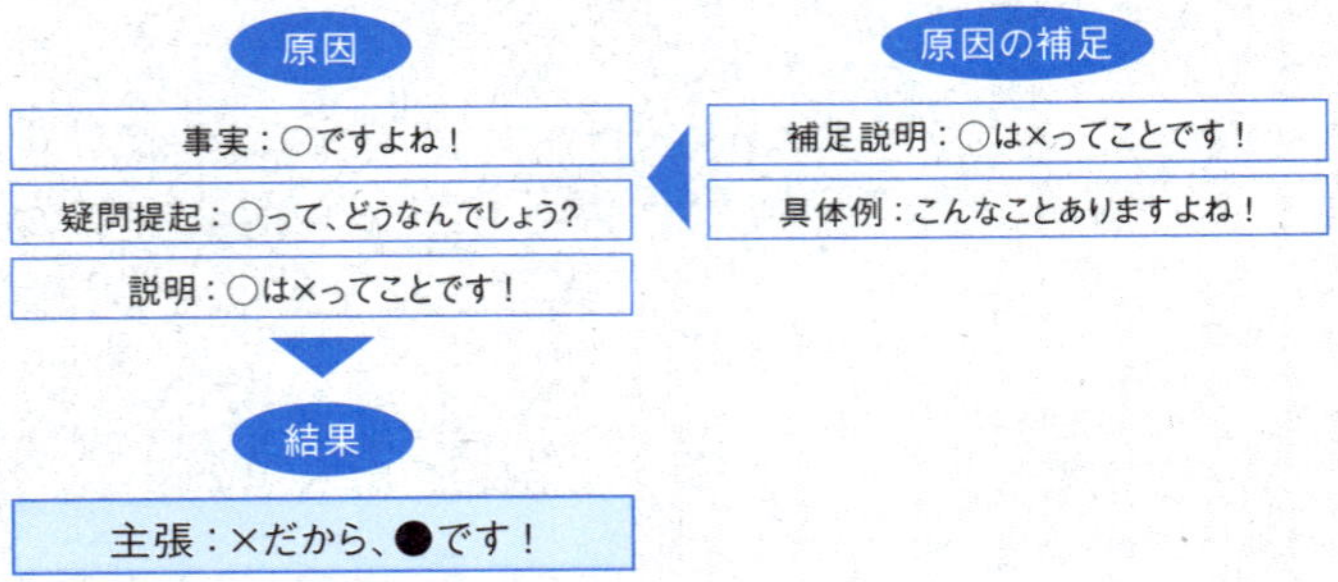
原因
事実：○ですよね！
疑問提起：○って、どうなんでしょう?
説明：○は×ってことです！
原因の補足
補足説明：○は×ってことです！
具体例：こんなことありますよね！
結果
主張：×だから、●です！

ことで読者が受け入れやすい文章を作れるわけです。

「主張」が少し硬いもの、理解されにくい未知のことの場合にも、「事実」や「疑問」などの受け入れやすい既知のことをはじめに書いているから、伝わりやすい文章になります。

なので、この**「因果型」は、「同格型」よりも主張が読者に受け入れられにくい内容だったり、議論が分かれる事柄の場合**に使われます（詳しくは、ＳＴＥＰ３「１人ディベート」をチェックしてください！）。

因果型の例

勉強中に、「脳が疲れたな」「頭痛いな」と思うことはありませんか？　それは、脳が糖分を求めている証拠です。実は脳は、使えば使うほど糖分を求めます。糖分は脳にとってガソリンのようなものなのです。だから、勉強中に脳が疲れたと思ったら、チョコレートを食べて糖分を補給するようにしましょう。

「勉強中に、『脳が疲れたな』『頭痛いな』と思うことはありませんか?」という疑問提起や「脳が糖分を求めている証拠」などの事実を述べ、それに対して「脳は、使えば使うほど糖分を求める」といった補足説明を加えつつ、最後にそれらの説明を「原因」として「チョコレートを食べて糖分を補給するようにしましょう」という「主張」で締めくくっています。

文章の中で因果関係を作って相手に伝えているわけです。

★ワンポイントアドバイス

「疑問提起」が少しわかりづらいかもしれませんが、「主張」がそのまま答えになるような質問や、「事実」を内包する質問を読者に投げかけるのです。この文章であれば「勉強中に、『脳が疲れたな』『頭痛いな』と思うことはありませんか?」と、「勉強中に脳が疲れることがある」という事実を含んだ質問をしていますね。

他には、

疑問提起：「『急がば回れ』というのは本当なのだろうか？」
↓主張：私は、『急がば回れ』は当てはまらないことも多いと思う

疑問提起：「本当に〇〇君を処分していいのでしょうか？」
↓主張：私は、〇〇君は処分するべきでないと思います

など、「主張」がそのまま答えになる質問をすることもあります（「質問」の意義は、ＳＴＥＰ４「質問トラップ作り」をチェックしてください！）

・③対比型

概要	２つ以上のものを対比して語る場合の型
どんな読者に使うか	その主張を疑っている読者に使う
どんな文に多いか	議論になっている事柄・選択肢のある物事について語る場合

まず、**2つ以上の対立する概念、2つ以上ある選択肢**を述べます。「肉と魚」「きのこ派かたけのこ派か」「ソース派か醤油派か」「愛か金か」など、対比できる事例がはじめに述べられるのです。

その後、双方の具体的な説明と具体的な例が述べられ、**比較した後で、主張が出現**します。「というわけで肉がいいです」と一方の肩を持つ場合もあれば、「みんな違ってみんないいと思います」など新しい概念、2つが融合した提案などが主張されることもあります。

比較することで一方をわかりやすくしたり、議論がどこで分かれているのかを整理するなど、3つの型の中でいちばん論理的な型です。

対比型

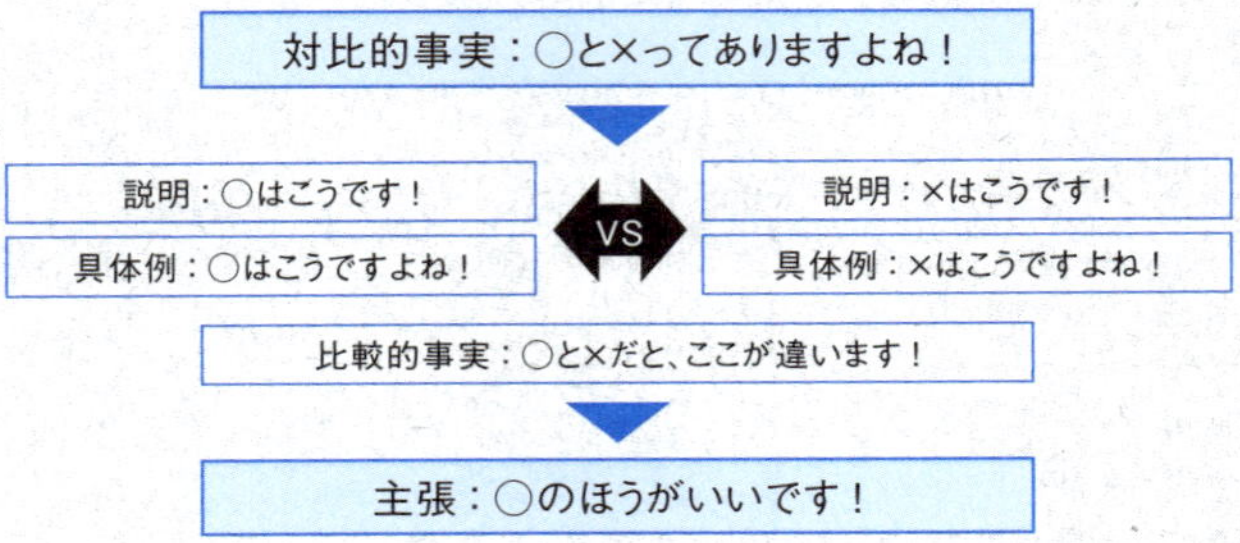
対比的事実：○と×ってありますよね！
説明：○はこうです！
具体例：○はこうですよね！
VS
説明：×はこうです！
具体例：×はこうですよね！
比較的事実：○と×だと、ここが違います！
主張：○のほうがいいです！

対比型の例

勉強中に小腹が空いたら、ポテトチップスとチョコレート、どちらを食べるのがいいのでしょう。ポテトチップスはカロリーが高く、夜に食べると太る原因になってしまいますね。逆にチョコレートはそこまでカロリーが高くありませんし、なによりも糖分は疲れた脳を癒やすエネルギーになります。勉強中は、ポテトチップスよりもチョコレートを食べたほうが、勉強がはかどると言えるでしょう。

「ポテトチップスとチョコレート」という対比を持ち出して、「カロリー」や「糖分」の話などでポテトチップスとチョコレートの違いや具体的な説明を行い、最後に「チョコレートがいい！」と、結論となる主張を述べています。

このように、**2つを比較しながら自分の主張に帰結させるのが「対比型」**です。

★ワンポイントアドバイス

「どちらか一方がいい！」と述べる「対比型」も多いですが、しかしここで「どちらにもいい側面があると思う」と新しい提案で締めくくられることもあります。そのどちらもが「対比型」です。２つ以上の物事を深掘りしていき、最後はそれを踏まえてなんらかの結論を出すのがこの「対比型」の特徴なのです。

だからこそ、「比較」や「対比」とは関係ない文は、いらない場合が多いです。「対比型」をチェックするときは、とにかく「比較」を意識してみましょう！

東大作文 Point 18

「同格型」「因果型」「対比型」をマスターしよう

3つの型は、相手によって使い分けられる

いかがでしょう？　みなさん、3つの型を理解することはできましたか？

では、なぜこの3つの型が王道なのでしょうか？　それは、**この3つの型がそれぞれ「主張に少しなじみがある」「主張と距離がある相手」「主張を疑っている相手」という説得する相手の主な3パターンに対応しているから**です。

具体的に見ていきましょう。

たとえば、あなたが「明日は牛丼が食べたい」と友だちに主張したいとして、どう説得しますか？

①「牛丼って気分じゃないんだよねー」という友だちなら、「牛丼はいいぞ！　安くてたくさん量が食べられて、いいことづくめだ」と牛丼のメリットを語れば説得できますよね。

これは**同格型**です。「牛丼のメリット」という、「明日は牛丼が食べたい」という主張と同内容の事柄で説得しようとしているからです。

②「牛丼か……考えもしなかったな」と牛丼と距離のある友だちなら、「お前も今月金欠だろ？　だったら牛丼で安く済ませようぜ」と相手の状況から牛丼を推せば説得できるでしょう。

これは**因果型**です。「相手が金欠である」という事実から導き出せる結果として「明日は牛丼を食べよう」と主張しているからです。

③「えー、牛丼？　カレーのほうがいいよ」と牛丼の良さを疑う友だちなら、「牛丼のほうがカレーより安いし、牛丼屋のほうがカレー屋より近いぞ！」と比較しながら牛丼を推すことで説得できるかもしれません。

これは**対比型**です。「カレーと牛丼」という対比的事実を持ってきて「牛丼のほうが安い」「牛丼屋は駅から近い」という説明を加えた上で「明日は牛丼を食べよう」と主張しているからです。

こんなふうに、実は**それぞれの型が、相手の状況に応じてうまく説得できるように作られている**のです。

先ほど、「読者の位置」を理解することの大切さを語りましたが、**この3パターンのうち、**

読者がどれに該当するのかを当てはめれば、すぐにルートを割り出すことができます。そのまま型通りに作文していけば、ゴールまで簡単に読者を連れて行くことが可能なのです。

東大作文
Point 19

3つの型は、「読者との距離」によって使い分ける

「ルート作り」のやり方

では、具体的に「ルート作り」の方法を見てみましょう。

・①「あとがき作り」の「主張」と「目的」を見て、その言葉を誰に伝えたいのか、具体的に想起してみる

読者を、具体的なあなたの知り合いの1人として想起してみます。

チャットやメールであれば相手でいいですし、またブログやSNSであっても、「こんな人に読んでほしい」と思うような人を想起してみましょう。具体的であれば具体的であ

るほどいいと思います！

・②その「読者」が、「主張」と「目的」に対して、以下のどの関係なのかを考えて、１つを選び、それがどのルートだったのかを付箋に書き留めておく

Ⅰ　主張とそこまで距離がない相手→同格型
Ⅱ　主張と距離がある相手→因果型
Ⅲ　主張を疑っている相手→対比型

Ⅰ　主張とそこまで距離がない相手→「同格型」を使う

いちばん多いのがこのパターンです。

ストレートに「こうしたほうがいいんだよ！」と言うだけで理解・行動してくれそうなほど、主張と相手が遠くない場合はⅠとなります。

「主張作り」では「未知」と「既知」の話をしましたが、**既知の内容が多い場合はⅠ**です。「主張をよく知らない相手」であっても、知ってもらえれば説得できたり、ある程度知識がある相手は「距離がない相手」だとみなして大丈夫です。

Ⅱ　主張と距離がある相手→「因果型」を使う

きちんと説明しなければ納得してもらえないかもしれない場合はⅡとなります。**「既知」と「未知」で言えば、未知の内容が多い場合**はこれです。

ストレートに主張を言っても理解してもらえない可能性があるな、と感じたらⅡと判断しましょう。

Ⅲ　主張を疑っている相手→「対比型」を使う

距離に関係なく、**相手が複数の選択肢を持っていて「どれがいいかな？」と思っている場合や、「本当にそれでいいのかな？」と考えている場合はⅢ**です。つまりは**相手を説得するのが難しそうな場合はⅢ**となります。

また、「あとがき作り」の警鐘型・要望型のように、**相手に行動をしてもらいたい場合もⅢが多い**です（理由は後述）。

・迷ったときは「同格型」、行動まで求めるなら「対比型」を使おう

いかがでしょう？　3つの型から選べそうですか？

パラグラフリーディングのストラテジー (1)読み方・解き方編

英語の長文読解において用いられるテクニック「パラグラフリーディング」。これは文章の構造・作り方のコツを理解することに他なりません。英語を読むための本ですが、根本的には日本語の作文にも応用できる部分が多いので、ぜひ手にとってみてください。

島田浩史／米山達郎／福崎伍郎著　河合出版

「えー、ⅠとⅡ、どっちがいいんだろう……」
「うーん、ⅠとⅢ、どっちの可能性もあるなぁ……」

などと悩むこともあるかもしれませんが、**迷ったときはⅠ**を選びましょう。なぜなら、Ⅰがいちばん作文しやすいからです。ストレートに何度も自分の主張をぶつけることで理解してもらう形ですから、難しく考えなくていいのです。

このように、判断が難しい場合は、いちばん作文しやすいものを選べばいいと思います。何度も書いているうちに、判断の精度も高くなっていきます。まずは、実践できる型を選んでみましょう。

また、**より深く相手に理解してもらいたい場合や、相手に行動させるところまでやってもらいたい場合はⅢ**を選んでみましょう。「相手が疑っている状態」というのは、読者から文章への↓が大きいことを指します。「ホントかな?」「どういう根拠なんだろう?」と興味を持ってくれている状態に他ならないわけです。

そういう読者を想定して書くのが「対比型」ですので、**他の2つよりもより深く読者が文章に入り込みやすい型**なのです。

こうして型が選べれば、ルートは示されました。後は、論理的につながる文を作っていけば、論理的な文章を作ることができるようになります！

東大作文
Point 20

主張と読者との「距離」がわかれば、文章の構造は1つに決まる

THE UNIVERSITY OF TOKYO WRITING TECHNIQUES

STEP 3

1人ディベートで「説得力のある文章」が書ける
——東大生は「相手の心」を刺激する

1 読者が夢中になる「説得力のある文章」とは

「読者」を「記者」にしたら勝ち

STEP1とSTEP2では、どうすれば「うまく作文できるか」についてご説明してきました。

「あとがき」と「目次」を作ることで、「何を書くか」「相手に伝わりやすい文章をどう作るか」を知り、実践する。そのためのテクニックが、「あとがき作り」と「目次作り」でした。

これは、「はじめに」でお話しした「東大作文」の極意「双方向性」の中で言えば、**「自分→相手」の矢印を作っている**ことに他なりません。相手が読みやすい文章を書き、相手に配慮して文章を作るというもの。これがSTEP1とSTEP2でできるようになったわけです。

しかし、「双方向性」と言うからには、「自分→相手」の矢印だけではダメですよね。STEP3とSTEP4では、その反対側の矢印、**どうすれば「相手→自分」の矢印を作れるか**についてお話しします。

・「双方向性」が必要な理由

ここで1つ確認しておきましょう。いったいどうして「双方向性」が大事で、「相手→自分」の矢印が大切なのか。

それは、**あなたの文章を読む人を、「読者」から「記者」にするため**です。

作文を読んだ相手に、あなたの言いたいことを深く理解してもらい、あなたの作文で相手を変えたいと思うのであれば、**目指すべきは読む人を「読者」から「記者」に変貌させる**

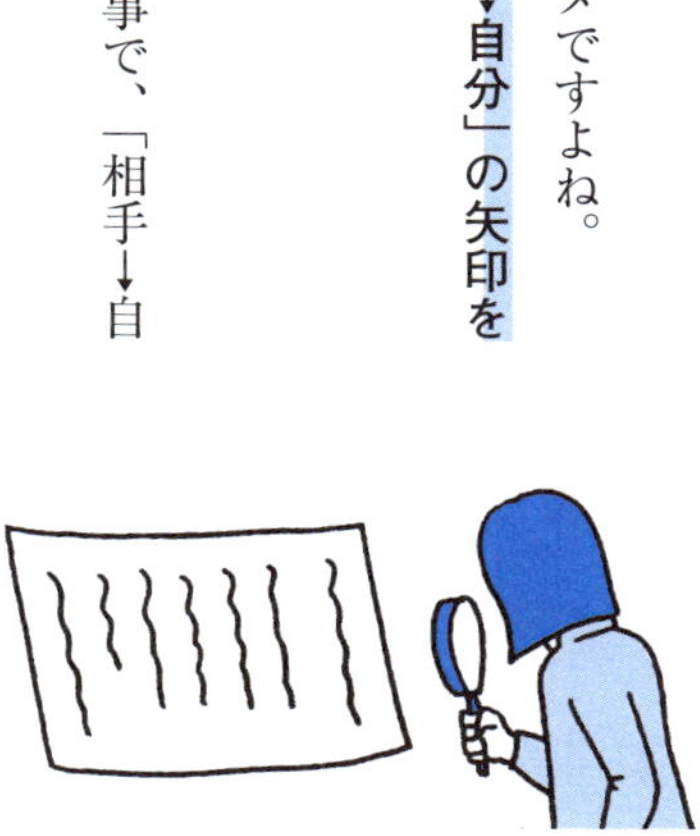

ことなのです。

「え？　どういうこと？」と思うかもしれませんが、みなさんもきっと、読者が相手よりも、記者が相手のほうが話しやすいはずです。

たとえば、あなたが人前で話す機会があったとしましょう。聴衆が何のリアクションも取らず、ただぼうっと話を聴いているだけだったら、あなたは不安に思うはずです。「え、ちゃんとわかってくれてるのかな？」「大丈夫かな？　ちゃんと聴いてくれているのかな？」と。

しかし逆に、聴衆が「ふむふむ」と相槌を打ったり、メモしたり、時には「すいません、これってどういうことですか？」と質問してくれる人だったらどうでしょう？「ああ、ちゃんと聴いてくれているんだな」「わかってくれているみたいだ」と安心できますよね。

これを文章に置き換えると、ただ読者になっている人は「相槌もメモも取らない人」です。逆に、あなたの話に興味を示し、相槌やメモ、時には質問までしてくれる人は、**読者ではなく記者。「読んでいる」のではなく「取材している」のと同じ**なのです。

目指すべきは、相手に「読書」をしてもらうのではなく「取材」をしてもらうこと。相手を記者にする作文こそが必要なのです。

相手が記者になってくれれば、より文章に引き込まれるし、より深く文章を読んで、理解してくれる。そうなって初めて、相手に変化を提供することができる。だからこそ、**「相手→自分」の矢印が必要になる**のです。

・読者を「記者」にする2ステップ

では、どうすれば読者は記者になってくれるのでしょうか?

これには、2つのステップがあります。

1　まず、相手に「説得力があるな」と思ってもらう
2　次に、相手に「会話したい」と思ってもらう

1がSTEP3の**「1人ディベート」**、2がSTEP4の**「質問トラップ作り」**です。

このSTEP3では、「説得力の作り方」について説明させてください。

アサーション入門

「双方向」といっても、自分の意見が強すぎて相手に伝わらない人や、逆に押しが弱くてうまく自分の意見を相手にぶつけられない人もいると思います。そういう人は、相手と自分の両方の意見を尊重する考え方である「アサーション」を学んでみてはいかがでしょうか。この本を読んで、読者と著者の関係性をもう一度考え直してみましょう。
平木典子著　講談社

東大作文
Point 21

読者を「記者」にさせるには、「説得力」と「会話」が重要

説得力は「断言する」ことで生まれる

すごく単純な話ですが、**説得力がないと、そもそも文章を読んでもらえません**。文章に興味を持ってもらえないからです。

たとえば、以下のタイトルの記事があったとして、どちらのほうが「読みたい！」となりますか？

1 医者が断言！ 朝にはかならずフルーツを食べたほうがいい！
2 朝、ビタミンCを摂取するといいことがあるかも？

おそらく、1ですよね。「医者が断言しているのか、何だかホントっぽいな」と思えると思います。

逆に2は、「いいことがあるかも?」と、あまり説得力がなさそうです。また、「ビタミンCを摂取」と言われても、具体的に何をするべきかわからず、これまた説得力に欠けますね。

読者にとって何が「説得力」として映るのかは人によりますが、**断言していると説得力があるように見える場合が多い**です。

1は「医者が断言!」「〇〇したほうがいい!」とはっきりと断言しており、2は「かも?」とふわっとしていますね。だからこそ、1のほうが説得力がありそうで、こちらのほうが読まれるのです。

・「断言している文章」が強い理由

……なんて言うと、こういう人もいると思います。

「でも、そもそも説得力なんて、相手がどう感じるかによって変わっちゃうんじゃない？」

「2のほうが、『いろいろ考えた末に言い切ってないんだな、じゃあ説得力がある』と感じる人もいるのでは？」

たしかに、「説得力があるかどうか」を判断するのは読者です。人によっては、2のほうが読みたいという人もいるのかもしれません。

しかしそれでも、**より多くの人に読まれるのは1**です。

実は、**断言していない文章は、断言している文章には勝てない**のです。

「ええ!? でも、断言しているからって説得力があるとは言えないじゃん！」と考える人もいるでしょう。事実、はっきりと断言しているからといって、裏づけや論理がきちんとしているかどうかはわかりません。デタラメをはっきりと言っている場合もあるでしょう。

しかし、だからこそ、**断言したほうが説得力がある**のです。

断言するというのは、それだけ「本当に断言できるのか？」「デタラメなんじゃないか？」と反論や批判をされやすい行為です。それをわかった上ではっきりと「こうだ！」と断言しているということは、**それだけのリスクを取っているということ**です。

断言するということは、リスクを取ること。「デタラメだ！」「本当かよ？」と**批判されるかもしれないのに発信しているからこそ、「説得力」が生まれる**のです。

・「断言しない」作文は響かない

逆に、断言していない文章はリスクがありません。

「いいことがあるかも？」と発言して、もし「なかったじゃないか！」という人が現れても「『あるかも？』って言ったじゃないですか」と逃げることができます。そんな人の言葉では、誰も心を動かされない。**自分の立場が悪くなるかもしれないのに、それでも伝えたい言葉だからこそ、説得力が生まれる**んです。

先ほどの例では、「医者が」という言葉が説得力の1つになっていました。

これだって言ってしまえば「リスク」です。もし間違ったことを言ってしまったら「医者のくせに間違えたのか！」と批判の対象になります。そういうリスクを背負って「医者が」と語るから、説得力が生まれているのです。

マンガでわかる! 10代に伝えたい名言集

偉人たちの名言が集められている本です。強く心に刺さる言葉が描かれており、強い断言やギャップのある言葉が心に響くのがわかると思います。

定政敬子文　北谷彩夏絵　大和書房

僕はこの本を、「東大」という名前をつけて、しかも本名で執筆しています。そこには、「東大生のくせに間違ってる！」「あの西岡というヤツは間違ってる！」などと言われるかもしれないリスクもあります。

でもだからこそ、僕は『東大作文』を本名で執筆しています。タイトルが「作文」で、どこの誰が書いたかもわからない本なんて、誰も買ってくれないし、深く読んではくれない。

そこには「リスク」がないからです。**間違っていても誰も責任を取らない本なんて、説得力がありません**よね。

「東大という名前を出して、しかも本名で書いている本」だからこそ、信用してくれるし読んでくれる。

「それだけのリスクを払ってまで書いているのなら」と手に取ってくれる人もいるでしょう。「本当にそれが正しいのか、確かめてやろう」という気分で読む人もいるでしょう。

どちらにせよ、興味を持って読んでもらえるのです。

・「言い切る」とは「逃げない」こと

また、「言い切る」というのは、**「曖昧なほうに逃げない」**ということでもあります。

たとえば東大の教授は、言い切らないと試験では点をくれません。僕は3回東大受験をしていますが、1回目も2回目も、難しい問題に対して「言い切る」解答をしませんでした。覚えていないところ・知識不足な部分を言い切らずに、**「わかっている風のふわっとした解答」**をしました。よくわからないから「○○は後世にいい影響を与えた」とか、「大きな影響があった」とか、ぼかして書いたのです。すると、その科目ではぜんぜん点が取れず、結果不合格になってしまいました。

でも3回目は、わからないところは綺麗さっぱり書かないで、わかっているところのみを堂々と書きました。

「○○はこうなった」「××はこういう影響を与えた」と断言したのです。すると、そのほうが点数が多く入り、合格することができました。

その後も学内の試験で試してみたのですが、やっぱりわかっていることだけを断言するほうが、点数が高かったです。わからないことを書いていないのだから、文字数が少ない場合もあるのに、断言したほうが評価されたのです。

「言い切る」「曖昧なままにしておかない」というのは、リスクもありますが、それだけに非常に大切な行為なのです。

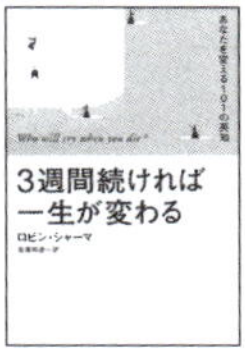

3週間続ければ一生が変わる

世の中の「名言」を利用し、自分の言葉ではなく偉人の言葉を使うことによってより読者に文章を伝わりやすくする手法を取って書かれている1冊です。著者の立場が上から目線になっていないので読みやすいですし、短くまとまっているためにわかりやすいです。

ロビン・シャーマ著　北澤和彦訳　海竜社

・断言すると「書く姿勢」が変わる

そして断言したほうがいいのは、読者側の意識の問題だけではありません。

書いている側も、リスクを背負っているからこそ、**内容を真に正しいものにしなければという意識**が生まれます。リスクがあるからこそ「これが間違っていたら怒られるのは自分だ」「正しいことをきちんと書かなければ」という責任感が生まれるのです。

断言するというのは、リスクを取ること。

リスクを取るということは、責任感を持つということ。

責任ある文章は、説得力があるのです。

東大作文
Point 22

作文では、かならず「断言」する

「1人ディベート」の3つのステップ

「断言」の効能、わかってもらえましたか？　**「説得力作り」は、「断言」することで説得力を作り上げるというテクニック**です。

「でも、断言が大切だってことはわかったけど、どうやって断言すればいいの？」

「『断言』って、それこそリスクが高いから、難しいんだよなあ」

そう思う人もいるかもしれませんが、大丈夫です。

今から紹介する「断言」のための3つのステップ、**「ツッコミ作り」**と**「譲歩作り」**、そして**「インパクト作り」**を覚えれば、誰でも簡単に、説得力のある断言を作ることができます。

まずは**「ツッコミ作り」**。

断言は強い言葉ですから、その分、敵や批判を生みやすいということはお話ししましたね。そういう**批判されそうなポイントを、あらかじめ自分の中で想像してツッコミを入れる**のです。

この「ツッコミ」を踏まえて、次は**「譲歩作り」**です。

先ほどのツッコミを「たしかにこういう点もありますよね」と**譲歩として作り替える**のです。これによって、批判ポイントをしっかり理解していることを提示し、またそれに対する反論も述べることで相手を説得するのです。

そして、「ツッコミ作り」と「譲歩作り」を踏まえて実際に断言を作り上げるのが**「インパクト作り」**です。

効果的に断言して、「なんだって⁉　これは読まなきゃ！」と思わせられるほどの**「強い文章」**を作る。そのためのインパクトを作り上げるのが、この「インパクト作り」です。

以上の3つのプロセスを踏まえれば、「本当に断言できるのか？」をしっかり考え抜き、**批判ポイントを消すことができる**ようになります。

先ほども言ったとおり、「断言」とはリスクと隣り合わせです。「批判されたらどうしよう……」と思い悩むことも多いと思います。

そのため、真に「断言」するためには、自分の中で「本当にこれは正しいんだ！」と言えるレベルまで、きちんと主張を作りこまなければなりません。自分の中で「本当にこれは正しいのか?」という問いと向き合わなければ、「断言」はうまくいきませんし、断言してもどこかで綻びが出てしまいます。

だからこそ、**自分の中で「ディベート」を行い、断言できるレベルまで作り上げる。これが「1人ディベート」**です。

これを行えば、誰でも簡単に説得力のある断言を作ることができるようになります!

東大作文
Point 23

説得力は「ツッコミ作り」「譲歩作り」「インパクト作り」から生まれる

2 ツッコミ作りで「主張の穴」を見つける

読まれる文章には「ツッコミどころ」がある

みなさん、何はともあれ、「読者の度肝を抜くこと」を書きましょう。**たったそれだけで、つまらない文章も魅力的**になります。

……なんて突然言うと、みなさんの頭の中は「なんだなんだ」「いったいどういうことだ？」という疑問で埋め尽くされたと思います。ここまで「説得力作り」を「ふーん、なるほど～」「そうなのか～」と読んでいたみなさんも、今のいきなりの言葉で、「え⁉ いったい何？ どういうこと⁉」と、大きな興味を惹かれたと思います。

「とりあえず度肝を抜いておく」というのは、こういうことです。

普通、文章を読んでいるときや人と話しているとき、「ええ⁉」と思うような出来事はなく、「まあ、そうですよね」「うんうん、わかるわかる」という予定調和の中で話が進んでいくことと思います。

しかし、それでは「こういうことを言いたいんでしょ？」と、**話に対する集中力や興味が薄れてしまう**のです。


それを解消するために必要なのが、**「度肝を抜く」**という行為なのです。

「え⁉ 思ってたのと違うの出てきたんだけど⁉」「ええ⁉ こうじゃないの⁉」という言葉が出てきたときにこそ、人は集中力や興味を取り戻します。


みなさんも人の話を聞いている途中で「突然ですがここで問題です」「ここでみなさんに残念なお知らせがあります！」などと言われると、「え⁉ 何が始まるんだろう⁉」と気になりますよね。そういう「度肝を抜かれる」何かがあると、またその話に集中するようになるのです。

・作文と「漫才」の共通点

「度肝を抜く」というのは、漫才と一緒です。

漫才って、ただ2人の芸人さんが掛け合いをしているだけでは面白くありませんよね。

「昨日こんなことがあったんだよねー」「へー」だけでは何も面白くないはずです。

しかし、1人が「普通とは違う行為（ボケ）」をして、それに対してもう1人が「それ違うだろ！」と普通でないことにツッコミを入れるからこそ、そこに笑いが生まれます。

「昨日友だちのジョニー・デップと会ってさー」「はあ⁉　そんなわけないだろ！」というふうに、**予定調和や普通を切り崩して、相手の度肝を抜いておくことで、強い興味を惹くことができる**のです。

「断言」というのは、「相手の度肝を抜く言葉」、つまりは「ボケ」です。

「ええ⁉　そんなわけないじゃん！」「なになに⁉　どういうこと⁉」と、誰かからツッコミを入れられるような言葉でなくてはなりません。そういう**「批判」や「ツッコミ」を受ける文章だからこそリスクが生まれ、説得力がある文章になる**のです。

しかし、つまらないボケで誰からもツッコまれなかったら、説得力も何もありません。

「断言」の効果を最大化するためには、**「相手の度肝を抜くボケ」に対する「ツッコミ」を作り上げなければならない**のです。

「ツッコミ作り」の「ツッコミ」は、これです。ボケ（断言）をボケ（断言）として成立させられるように、ボケに対するツッコミを作るのです。

東大作文
Point 24

ツッコまれない文章は、そもそも読んでもらえない

「ツッコミ作り」のやり方

「ツッコミ作り」のやり方は簡単です。

1　主張の付箋をもう一度見直す
2　その主張に対して、以下で説明する3つのツッコミをしてみる
3　作ったツッコミを、1枚ずつ付箋に書いて残しておく

たったこれだけです！　自分の主張に1つひとつツッコミを入れていくのです。

さて、その3つのツッコミは以下のとおり。

・①証明できる？

例：ホントにそうなの？　なぜそう言えるの？

それが本当に正しいかどうか、証明することができるか？　という問いです。**主張の根拠を問うツッコミ**ですね。

たとえば「このキャベツはめっちゃいいキャベツだから買って！」が主張だとして、「ホントにめっちゃいいキャベツなの？」「なんでそんなことが言えるの？」と問うツッコミが想定できます。こんなふうに、**「正しいかどうか」を具体的な言葉としてツッコミ**を入れてみましょう。

・②反例・例外はある？

ツッコミ例：この場合はどうなの？　これには当てはまらなくない？

それが当てはまらない場合もあるのではないか？　というツッコミです。**主張を別の事**

実と比べてツッコむのです。

「いい！」と主張する際には「悪い」面、「正しい！」と主張するなら「間違っている」面、といった具合に、**例外的で当てはまっていない部分・例**を持ち出します。

たとえば「他のキャベツよりこのキャベツを買ったほうがいい」という主張なら「値段が高い」「キャベツが病気にかかっている場合が多い」というような情報は「買ったほうがいい」というのと反対の悪い情報ですよね。こんなふうに、**「反論になりそうなポイント」**をツッコミにするのです。

・③弱点はある？

ツッコミ例：ダメなポイントはないの？　こっちのほうがよくない？

最後は「ダメなポイントはないの？」です。**主張を認めた上で、それが100パーセント完璧な主張なのかを問う**のです。

今までは鋭く「証拠」や「反例」について聞いてきましたが、今度は「弱点」、つまり「あなたの論理の弱いところはないか？」「ホントに今のままで大丈夫なのか？」という問いです。「デメリットはないのか？」「間違いはないのか？」と言い換えてもいいかもしれま

せん。

たとえば「ホントに100パーセントいいキャベツなの？」「あっちのキャベツのほうが、もっといいキャベツなんじゃないの？」とツッコむのです。

①②が「ホントに？」というツッコミなのに対して、③は「ホントだったとして、弱点はないの？」「これと比べてもこっちのほうがいいの？」と、主張のデメリットを問うツッコミになっています。①②を行って主張がある程度作られた後に、最後の詰めとして行うのが③です。

そして、実践するとわかるのですが、**③がいちばん難しい**です。①②と比べて漠然としており、自分の主張の粗探しをして、そこを補強する何かを見つけるという行為に他ならないからです。

でも**「弱点」を理解しておくと、「ああ、この人は自分の主張の弱いところもわかった上で主張しているんだな」と、相手に肯定的に見てもらえます**。③を頑張ってみましょう。

この3つの「ツッコミ」が作れれば、「ツッコミ作り」は終了です。この**ツッコミに対す**

る反論は、次の「譲歩作り」で作っていきます！

東大作文
Point25

説得力を持たせるためのツッコミは「証明できるか」「反例・例外はないか」「弱点はないか」の3つ

3 譲歩作りで「インパクトのある文」が書ける

あえて「譲歩」を書く理由

さて、「ツッコミ作り」が終わった後は**「譲歩作り」**について説明していくのですが、その前に1つ質問です。

みなさん、譲歩って何のためにするものだと思いますか？

具体と抽象

双方向的な文章を書くとき、相手と自分との間で齟齬が生じ得るのは具体と抽象の考え方の違いです。具体的に物事を考える人も、抽象的に物事を捉える人もいます。その違いをこの本で考えておくと、自然と伝わりやすい言葉を選べるようになります。
細谷功著　dZERO

譲歩とは、「たしかにこういうこともある。でも、……」と、**自分の非や自分の主張の穴を相手に見せる行為**です。これって文章において、どういう役割のものなんでしょうか。

はっきり申し上げますが、**「譲歩」は自分の考えを主張する上において、何の意味もない行為**です。ただ相手に自分の考えを伝えたいだけなら、こんなに必要性のないものもありません。譲歩自体は、何の意味もない行為なんです。

だってみなさん考えてみてください、なんで自分の落ち度を認めなきゃならないんですか？

たとえば「キャベツを買ってほしい」という目的があったとして、「たしかにこのキャベツは高いです！」と伝えることに、どんな意味があるのでしょう。「高いんだ！　じゃあいらないわ」と買ってもらえなくなることのほうが多いですよね。

また、無駄に文字数を増やすことにもなりかねません。実際、文字数制限の厳しい東大の英作文問題では、「譲歩は使わないほうがいい」と教える予備校教師も少なくありません。「自分の主張の落ち度をあえて認める行為をすると、主張自体が伝わらなくなる危険性がある」ということです。

「え？　でも文章を読んでいると『たしかに○○だけど、』とかよく出てくるよ？」
「譲歩って、けっこう多くの文章で使われているじゃん」

と考える人もいるでしょう。

そうなんです、**譲歩って、何の意味もない行為なのに、多くの場面で使われているの**です。これはいったい、なぜなのでしょうか？

・譲歩は、「その次」に意味がある

それは、**「譲歩の後ろ」**に答えがあります。「たしかに値段が高い」という譲歩が来た場合、**後ろにはかならず「でも」「しかし」といった、その譲歩を否定する文が来る**のです。

先ほどの例で言えば、「このキャベツはたしかに値段が高い。しかし、その分美味しい」とか、そんなふうに、その譲歩を打ち消すほどの大きな否定が絶対に来るのです。

騙されたと思って、一度譲歩に注目して文章を読んでみてください。譲歩の後ろに「しかし」「けれども」といった否定の接続詞が来ているはずです。

インパクトというのは、「ギャップ」によって生まれます。

予定調和だと思ったのに、その予定調和ではない出来事が起こるという「ギャップ」。正しいと思っていたのに、それが実は間違っていたという「ギャップ」。すべてのインパクトは「ギャップ」でできているのです。

そして**譲歩があると、ギャップが生まれやすい。**先ほどの例で言えば、「高い」というマイナスポイントが、「その分だけ美味しい」というプラスポイントに変化している。ただ「美味しい」というだけではプラスポイント分しかアピールできませんが、「高いけどその分美味しい」になった瞬間、**プラスポイントとマイナスポイントを合わせてアピールすることができる**のです。

・「良い譲歩」はツッコミから生まれる

譲歩というのは、「譲る」という言葉が入っているので「自分の落ち度を認める行為」だと考えている人も多いと思いますが、それはまったくの間違いです。

譲歩とは、「ギャップを作るための行為」なんです。

譲歩自体には何の意味もありません。その後ろで譲歩を否定し、ギャップを生むための行為なんです。

だからこそ、むやみやたらに譲歩しても何の意味もないですし、逆に自分の主張が危うくなってしまいます。きちんと、**「自分の主張を強固にするための譲歩」**を作らなければならないのです。

そして、そんな**「いい譲歩」を作りやすいのは、先ほどの「1人ディベート」のツッコミポイント**です。

「こうツッコミたい人、いますよね？　たしかにそれはそうなんですが、しかし実はこういうことなんです！」

と、ツッコミを使って譲歩を作ることができるのです。

「1人ディベート」で、もうツッコミ自体は作りましたよね。そのツッコミに対する反論を作り、それを相手に述べることで、**「ちゃんと考えてこの断言をしているんですよ」ということが示せる**わけです。

これが**「譲歩作り」**です。

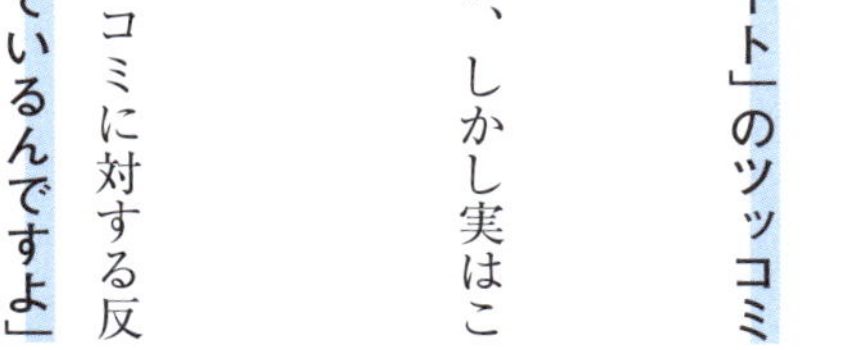

東大作文
Point 26

「譲歩」はギャップを生み出し説得力を増すテクニック

「譲歩作り」のやり方

「譲歩作り」は、以下の3ステップで完成します。

1　ツッコミの付箋を用意する
2　ツッコミの付箋に対する反論を、1つひとつ考え、反論の付箋を作り上げる（反論の作り方は、後ほどご紹介します）
3　ツッコミの付箋をA、反論の付箋をBとして、以下の「譲歩のフォーマット」に入れ込んで文章を作る

①「たしかに」型
たしかに、Aです。だけど（しかし）、Bです。

②「もちろん」型	もちろん、Aではあります。でも（ですが）、Bです。
③「なんじゃないか」型	「Aなんじゃないか」と考える人もいるでしょうが、実はBです。

どれを選ぶかは自由ですが、**「たしかに」型の譲歩は「反対意見」**が入りやすく、**「もちろん」型の譲歩は「弱点」**が入りやすい傾向があります。

「たしかにこのキャベツは高すぎるという意見もあります。しかし、その分美味しいんです」

「もちろんこのキャベツは丹精を込めている分、他のキャベツよりも値段が高いです。しかし、その分美味しさは保証できます」

譲歩のフォーマットの①が「反対意見」が入りやすく、②が「弱点」が入りやすい、とご理解ください。

③の「なんじゃないか」は僕のお気に入りの型なのですが、このフォーマットについて

デービッド・アトキンソン　新・所得倍増論

イギリス人アナリストであるデービッド・アトキンソン氏は、著書の中で「想定されるツッコミ」に対する「綺麗な回答」を用意していて、その「返し」がとてもうまいです。「こんなことを言うと、こう言う人もいるでしょうが、それは違います」という語りが非常に巧みで勉強になります。
デービッド・アトキンソン著　東洋経済新報社

は次の、ＳＴＥＰ４「質問トラップ作り」で説明させてください！

東大作文 **Point 27**

譲歩は「たしかに」「もちろん」「なんじゃないか」で提示する

反論の作り方

さて次は、「譲歩作り」の2番目のステップ、「反論」の作り方です。

・①証明できる？

ツッコミ例	ホントにそうなの？　なぜそう言えるの？
反論例	客観的なデータがある・否定できない事実がある

それが本当に正しいのか？「ホントにめっちゃいいキャベツなの？」「なんでそんな

ことが言えるの？」というツッコミ。

これに対する反論としては、**とにかく「客観性」が大事**です。主観的と客観的の違いは「1人の意見」なのか「みんなの意見」なのかです。

「美味しいって言ってくれる人が、自分以外にもこんなにいますよ！」というふうに「他の人の意見」を取り入れて**「1人」から「みんな」にする**こともあれば、「こういう体にいい成分が入っている！」と**科学的なデータや学問的な事実などを提示**して客観的な正しさを作ることもできます。

このツッコミの裏側には、「あなた1人の意見なんじゃないか？」という疑惑があります。どんな意見でも、「僕はこう思うんです！」と言うだけでは「え？　本当かよ？」と思われてしまいます。

その場合は、「こう思っている人は多いんです！」「この意見は、この否定できない事実に裏打ちされているんです！」と反論を作っておけば批判できません。

「客観的な情報」か「否定できない事実」が、反論になるのです。

・②反例・例外はある？

ツッコミ例	この場合はどうなの？　これには当てはまらなくない？
反論例	こういう見方もある・こういう点で例外だ・実は当てはまっている

それが当てはまらない場合もあるのではないか？　「他のキャベツより値段が高いじゃないか」「キャベツが病気にかかっている場合が多いじゃないか」というツッコミ。

これに対する反論は、**ツッコミを成立させている条件を崩すのがいちばん**です。たとえば**見方を変えて、マイナスではなくします**。「値段が高い」というのは実はマイナスな面だけではなく、「その分味がいいことの証拠だ！」とプラスに変えることもできます。

またはその**マイナスがあらかじめないようにする**のも1つの手です。「病気が多い」という場合は、「最近は少なくなった」と例外であることを主張してもいいですね。こんなふうに「そのツッコミは成立しないよ」と**ツッコミの前提条件を崩す**わけです。

その他には、「実は当てはまっていないようで、当てはまっている」と**例外ではない形の条件に変えてしまう**のもおススメです。

「キャベツに少し苦味がある！」というツッコミなら、「『良薬は口に苦し』で、その苦さが健康にいい秘訣なんだ！」とか「ロールキャベツにするとその苦さが癖になる！」とか言ってもいいわけです。

・③弱点はある？

ツッコミ例	ダメなポイントはないの？　こっちのほうがよくない？
反論例	この点で他より優れている・こういうメリットがある

ダメなポイント・デメリットはないのか？「ホントに100パーセントいいキャベツなの？」「あっちのキャベツのほうがいいキャベツなんじゃないの？」というツッコミ。

これに対しては、「無農薬なわけではないが、安全の品質も農水省のお墨付きをもらっている」「こういうキャベツがライバルであるけど、でもこっちのキャベツのほうが格段に味がいい」とか、そういう弱点に対する反例・デメリットに対するメリットの提示が、反論になります。

東大作文
Point 28

反論の型は、ツッコミの型によって決まる

反論が浮かばない人へのヒント

「なかなか反論が思いつかない！」という人は気張らずに、**1つでもいいから反論を見つけ、1つだけでも譲歩を作れるように**頑張ってみましょう。

先ほども言いましたが、譲歩はむやみやたらに書く必要はありません。いい反論が思いつかないのであれば、無理に「譲歩作り」をする必要はありません。**譲歩は1つで十分**です。

そして実は、人間は、次の3つのうち1つでも満たしていれば、意外と物事を信じてくれます。1つでもいいのです。

1　1人の意見ではなく、客観的な意見であること
2　信じた場合にマイナスが大きくないこと
3　信じることが、自分にとってプラスになること

この3つは、実は先ほどの①～③のツッコミと対応しています。

・1　1人の意見ではなく、客観的な意見であること

たとえば「このキャベツは美味いんだ！　誰がなんと言おうとこれは美味いんだ！」と言われても「ホントかよ？」と思ってしまいますが、「このキャベツを食べた人の感想」とかがパッケージに書いてあれば「ああ、ホントっぽいな」と思うでしょう。これが「1人の意見ではなく、客観的な意見であること」であり、①の「ホントに？」に対する回答です。

・2　信じた場合にマイナスが大きくないこと

また、「このキャベツめっちゃいいんです！」と言われても、高かったら「これで不味かったらどうしよう……」と買わない人も出てきます。それを「いや！　このキャベツは値段が高い分、美味しいんです！」とマイナスがプラスに変わると「おお、買いたい！」と思

ってもらえます。

信じたときにマイナスになる分が大きいと人は信じませんが、**信じてもマイナスが大きくなければ信じます**。

みなさんも「明日は地震が来るから絶対に外出しないで、この防災器具を買っておきなさい！」と言われても「それで来なかったらバカみたいじゃん」となってしまうと思います。しかし「明日は雨だから傘を持って行きなさい」というくらいであれば、カバンに傘を入れるだけで済みます。信じてもマイナスが大きくありませんから、案外信じるのではないでしょうか。

これが②の「マイナスをマイナスでなくする」という反論です。

・3　信じることが、自分にとってプラスになること

そして「信じることが自分にとってプラスになる」というのは、**デメリットよりメリットが多い**ということです。

「より多い」というのがミソで、別に全面的にメリットしかないものである必要はありません。むしろメリットしか提示されないと、人は「いいところしかないなんてありえな

い。騙されてるんじゃないか?」と考えてしまいます。

しかし「こういうデメリットもあるけど、でもこんなメリットがあるよ!」と言われると、「それなら信じてもいいかな」と思えるのです。

「無農薬じゃない」という弱点に対して「でもその分、安全管理はしっかりしている」「病気が少ない」といったメリットが提示されると、「それならいいかも」と思えてくるというわけです。

これが③の「ホントだとしてデメリットはないの?」に対する回答になるわけです。

・譲歩は1つあればいい

こんなふうに、**この3つのうち1つでも当てはまれば、実は人を説得することができる場合が多い**のです。

みなさんもご自身に置き換えていただければわかると思うのですが、「みんながやっていること」をわざわざ否定したり、「信じたほうが自分にプラスが多いこと」を信じたくない、なんてなかなか思わないと思います。

「人は見たいものを見て、信じたいように信じる」とは古代ローマの皇帝カエサルの言葉ですが、信じるに足る材料が先ほどの3つのうち1つでもあれば、人間は信じる場合が多いのです。

なので、1つでもいいので、譲歩を作れるように実践してみましょう！

東大作文 Point 29

有効な反論は「客観的」「マイナスが小さい」「プラスが大きい」のいずれか

4 インパクト作りで「ギャップを最大化」する

「インパクト作り」とは

「ツッコミ作り」「譲歩作り」の次はいよいよ「インパクト作り」に入っていくわけですが、ごめんなさい、実はもう「インパクト作り」の極意はお話ししてしまっているのです。どこでお話ししたか、わかりますか？

先ほどの「譲歩作り」の説明のときに、**「インパクトというのは、『ギャップ』によって生まれる」**とお話ししましたよね。これがすべてです。**今までの「ツッコミ作り」も「譲歩作り」も、ギャップを作るためのもの**だったのです。主張にインパクトを持たせるために、ギャップを作り上げる。そのための「ツッコミ作り」「譲歩作り」「インパクト作り」なのです。

まず、「断言」というのは日常とのギャップです。普通の会話で、「○○だ！」と断言する人なんてなかなかいませんよね。「〜だと思う」とか「〜かもしれない」とか、言い切ることはなかなかしません。だからこそ、**断言している主張は新鮮に映り、ギャップが生まれている**わけです。

また、「度肝を抜くことを言う」というのも、**「こうなるだろう」という予定調和とそうでないびっくりするものとのギャップ**です。「え!?　こうならないの!?」という驚きを提供するわけです。

そして「ツッコミ作り」と「譲歩作り」もギャップです。「でも、こういう例もあるでし

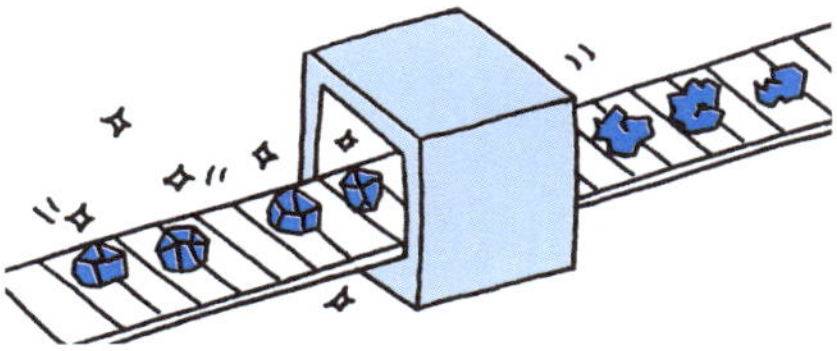

よ?」というツッコミや「たしかにこういう面もある」という譲歩は、主張に対してマイナスなポイント。**それをプラスに引き戻すことでギャップを生む**わけです。

ですから「インパクト作り」では、「譲歩作り」までできた「譲歩」を使って、「ギャップ」を作ります。**主張を、ギャップがあるものに作り替える**わけです。

先ほど、**「ツッコミ作り」は「ボケに対するツッコミ」を作る**行為だと言いました。それに対して**「譲歩作り」は「ツッコミに対する反論」を作る**というものでしたね。

この2つが揃って初めて、「ボケ(=主張)作り」に入れる。いよいよ、ツッコまれやすい「ボケ」が出来上がるわけです。

これが完成すれば、「ボケとツッコミのギャップ」を作り上げることができるのです。

東大作文 Point 30

「インパクト作り」とは、「主張」をインパクトの強い表現に書き直すこと

「インパクト作り」のやり方

「インパクト作り」は、「譲歩」の文章ができていれば一瞬でできてしまいます。

1 主張の付箋と譲歩の文章を用意する
2 譲歩の中で、いちばん「綺麗に反論できていて、ギャップが大きいもの」を選ぶ
3 その譲歩を、主張とくっつける
4 主張を「断言」の形にすれば、「インパクトのある文」の完成！

これだけです！
たとえば、次のとおりです。

譲歩：たしかに苦味が強いですが、しかしその苦味は実は健康に良い成分が入っている証しなんです！
主張：このキャベツはめっちゃいいキャベツ！

世界中のエリートの働き方を1冊にまとめてみた

ムーギー・キム氏は、読者の度胆を抜くような非常にインパクトのある文章を書く作家です。作文における「インパクト」の必要性を確認することができるので、ぜひインパクトの勉強に使ってみましょう。
ムーギー・キム著　東洋経済新報社

とあれば、**「インパクトのある主張：苦味が強いけど、実はめっちゃいいキャベツ！」**というインパクトのある断言ができます。簡単ですよね？

でも、次のような場合、少し注意が必要です。

譲歩：「本当にいいキャベツなの？」と疑う人もいるでしょうが、実はこのキャベツには健康にいいとされる成分が多く入っていることがわかっています。
主張：このキャベツはめっちゃいいキャベツ！

譲歩が「本当にいいキャベツなの？」ですから、主張とくっつけにくいですね。
そういうときは、「何の変哲もない普通のキャベツだけど、実は超いいキャベツ!!」というふうに、「本当にいいキャベツなの？」というツッコミを深掘りして、変形してみましょう。
いちばんおススメなのは、今のように**「一見してもすごさがわからない」と変形する**ことです。

何度も言いますが、**ギャップがインパクトを生みます**。譲歩のマイナスと主張のプラスをくっつけることでギャップが生まれ、「インパクトのある断言」が完成するのです。これは「ホントかよ?」「なんで?」と言われるリスクのある「ボケ」ですから、これだけで読んでもらえます。さらに、**ツッコミに対する反論も「譲歩」という形で用意してあるので、ツッコミ対策も万全**です。この断言で、あなたの文章は説得力がグンと高まります!

この「インパクトのある文」の具体的な使い方は、STEP4「質問トラップ作り」でご紹介します!

東大作文 Point 31

「譲歩」の中の「反論のギャップが強いもの」を参考に、主張を書き直そう

THE UNIVERSITY OF TOKYO WRITING TECHNIQUES

STEP 4

質問トラップ作りで「読者を引き込む文章」が書ける
――東大生は「読む人との会話」を重視する

1 読者に「質問」させたら勝ち

「質問トラップ」とは

さて、STEP3で「説得力のある文章」を作った後は、**相手に「会話したい」と思ってもらえるような文章を作るテクニック、「質問トラップ作り」**について解説していきます。

ただその前に。みなさん、たぶん疑問に思いましたよね？

「『質問トラップ』って何だよ?」「なんで『質問』が『トラップ』なんだよ?」と。

みなさんのその疑問はごもっともなのですが、そうやってみなさんに「なんで?」「どうして?」とツッコミを入れてもらえるのは、著者にとっては最高の瞬間なのです。

「東大作文」の目標は「双方向性のある文章を作ること」でした。そして、STEP3とSTEP4は相手からの「↓」を作ることだとお話ししましたね。

そう考えたときに、**いちばんわかりやすい相手からの「↓」は「質問」**です。

文章に対して「なんで?」「どうして?」とツッコミを入れてもらうこと。**その瞬間、読者は読者ではなくなります**。記者になって、作者の語る文章に対して前のめりになってくれるのです。

・質問させると、読者が前のめりになる

僕は高校生に勉強を教えることが多いのですが、そのときにはかならず、生徒たちにお願いしていることがあります。それは、**「僕の話が終わった後に質問をするように」**ということです。

こう言っておくと、**生徒たちの勉強の質が大きく向上**します。なぜなら、「何か質問しなければ」「どこかに質問できるポイントはないか」と、**話を聞く姿勢が大きく前のめりになる**からです。

質問というのは、実は「アウトプット」です。

普通、授業を聞いても「ふーん、そうなんだ」と聞き流すだけで、インプットするだけで終わってしまう場合が多いです。しかし、「自分から相手に何かを質問する」という自発的な行為が義務づけられていると、それだけで「詳しく聞かなきゃ！」という意識が生まれるんです。

話が終わった後にちゃんと「これがわかりませんでした」「なんでこうなんですか？」と聞きに来る生徒は、まちがいなく成績が伸びます。しかし、あまり積極的に質問できない子は、成績が伸び悩みます。これは本当に、面白いくらい分かれます。

彼らを見ていると、前者と後者では授業の受け方がぜんぜん違うのです。

ＳＴＥＰ１の最後にもお話ししましたが、僕らは「読者からのアウトプット」のある文章を目指さなければなりません。その点において、「質問」というのは非常に重要な要素なのです。

・日常会話は「ステルス質問」に満ちている

また実は、「質問」というのは、私たちが考えている以上に使用頻度が高いものです。**日常会話の多くに、「質問」が挟まっている**のです。

「え？　そんなに質問していないけどな」と思う人もいるかもしれませんが、そういう人でもかならず「質問」をしています。なぜなら、「え？　そんなに質問していないけどな」だって、立派な質問だからです。

「そんなに質問していないけどな」というのは、言い換えれば「自分はそんなに多くの質問をしているようには思わないが、本当に今の言葉は正しいんですか？」という質問です。こんなふうに実は、会話の構成要素の多くは質問に見えない質問、**「ステルス質問」**によって作られています。

たとえば、聞きなれない言葉があったら「〇〇？」って繰り返しますよね。これは「〇〇ってどういうこと？」という質問です。「え、マジかよ！」という相槌だって、「本当に

TEDトーク　世界最高のプレゼン術

トークと作文とは、表面的なところはともかく、根本的にはまったく同じ要素があります。この『TEDトーク』は、短い時間でいかに観客を引き込み、魅力的な話を展開するのかというテクニックが書かれた1冊。この『東大作文』と同じところを探してみてください。
ジェレミー・ドノバン著　中西真雄美訳　新潮社

そうなの？」という質問です。**私たちの会話は、ステルス質問で彩られているのです。**

逆に言うと、「質問」をまったくせずに会話するというのは、とても難しいです。試しに一度やってみてください。1分間もたないと思います。

・下手な作文は「質問なしの会話」である

しかし、**作文においては、その「質問をまったくせずに会話する」というすごく難しいこと**を実践している人がとても多いんです。でも、そんな大変なこと、嫌ですよね？

だからこそ、**作文するときは「質問」を作らないといけない**のです。

相手からの質問を想定して、**相手から質問してもらえる文章作り**をする。そうすることで、一方的に話しかけるだけの作文から、**「会話」のある作文へと進化させることができる**のです。

そして、**それを可能にするのが、「質問トラップ」**です。

・作文の極意は日常会話の中にある

質問トラップについて話す前に、少し昔話をさせてください。

昔、東大の弁論部の部長から「弁論の極意」を教わったことがありました。彼曰く、**「弁**

論にあえて穴を作っておく」ことこそが重要なのだとか。

話の中に、「それ、ホントに正しいの？」「証拠はあるの？」とツッコまれそうなポイントを作っておき、それに対する反論をあらかじめ用意しておく。そして、弁論が終わった後の質問の時間で、あえて人からその質問を引き出し、自信満々でその反論を述べるのだそうです。

こうすることで、「ああ、穴があると思ったけど、ちゃんとその点も考えて弁論していたんだな」とギャップが生まれ、「この主張は説得力がある」と思わせられるのだそうです。

これを聞いたときに僕が思ったのは、「すごいテクニックだけど、多かれ少なかれ、みんな同じようなことやってるよな」でした。**この「あえてツッコミをさせる」というのは、STEP3「1人ディベート」でご紹介したもの、そのもの**です。

「たしかにAだが、しかしBだ」という譲歩の文も、Aというツッコミに対してBという反論をぶつけるものでした。**あえてツッコませるというのは、昔からよくある手法**なのです。

みなさんだって、日常会話で知らず知らずのうちにやっていると思います。

古典落語

古来より、語りだけで人を笑わせる落語は人の心をつかんできました。落語を聴くと、話のテンポや会話の流れといったものをつかむことができるようになります。

興津要編　講談社

一息で自分の言いたいことをすべて語る人ってほとんどいません。誰だって、相手からの相槌を想定して、相手の反応を見つつ、話を進めていくことのほうが多いはずです。相手の相槌や反応を見て、自分の話を変えていく、というのは普通にやっていることです。

先ほど申し上げたとおり、相槌だって立派な質問ですから、これだって「ツッコミ」をあえて相手にさせて会話しているということに他ならないのです。

「質問トラップ」とは、こういう「あえて相手からのツッコミを想定した文を作る」というものです。こちらとしては、相手がそう質問することはわかった上で会話をしているので、言うならば「トラップ」です。

そのトラップに引っかかった相手へ回答する形で、会話しながら文章を進めていく。「1人ディベート」を実践しているみなさんなら、もう文章にも説得力が生まれていますし、「ツッコまれやすい言葉」だってできています。

これらを材料に、「質問トラップ」を作ることができるのです。

東大作文
Point 32

相手が質問せずにはいられない「質問トラップ」を作ろう

2 問いかけ作りで「読者との距離」をいっきに詰める

あえて「問いかけ」から書き始める効果

では、具体的に「質問トラップ」を作るための「問いかけ作り」と「ポジション作り」についてお話ししていくわけですが、ここでみなさんに1つ質問したいことがあります。本とかネット記事とかを読んでいて、「みなさんは〜ですか?」みたいな問いかけから始まる文章に出合ったことはありますか?

この質問には、たぶんみなさんYESと答えると思います。疑問系で始まって、読んでいくうちに答えがわかる……みたいな文章、けっこう多いですよね。

アニメ『化物語』副音声副読本

正直、西尾維新氏の才覚が一番発揮されているのはこの「副音声」という企画だと思っています。アニメの副音声の台本にあたる本なのですが、「登場人物2人の会話だけで6時間以上視聴者を楽しませる」という、落語家も真っ青な企画なのです。会話だけで人を笑わせるコミュニケーション能力を身につけるにはうってつけの本だと思います。
西尾維新／渡辺明夫著　講談社

このように、最初に問いかけから始まるのには、いったいどういう効果があるのでしょうか？

・読者と「距離が遠い」と会話にならない

最初に問いかけから入るのは、**「相手と自分との距離を詰める」**という効果があります。

「東大作文」において重要なのは「相手⇅自分」の双方向の矢印だと言いましたが、**「相手⇅⇅⇅自分」のように、自分と相手との距離が遠いと、伝わるものも伝わらなくなってしまいます**。

みなさんも想像してみてほしいのですが、素性がまったくわからない人と会話するのって難しいですよね。または、たとえ友だちであっても「フェルマーの最終定理の証明方法について」みたいな難しい話題や、自分にとって馴染みのないテーマについて話そうという気にはならないですよね。

話をする人への理解がない状態や、話す内容と自分の今までの経験に乖離があった場合には、「会話しよう」「質問しよう」とはなかなか思えません。

つまり、**質問しやすい文章とは、相手との距離が近い文章**なのです。

・「フック」でいっきに距離を詰める

そこで必要になってくるのが「フック」、**どんなに距離が遠い相手でもこっちに引っ張ることのできる文章**です。

みなさんは魚釣りをしたことがありますか？　普通、地上にいる状態で、海の中にいる魚を捕まえることはできません。しかしそれが、魚釣りでは可能になります。

釣り針というフックの先に餌をつけ、釣り糸を垂らし、釣り針に魚が食いつくのを待つ。魚が食いついたら、海の中にいる魚をいっきに地上まで引き揚げる。

こうして、地上にいながらでも海の中の魚を捕まえることができるのです。地上と海という距離があっても、釣り針があるから、距離をゼロにすることができるのです。

これと同じことが、文章でも言えます。

相手と距離のある事柄・ちょっと難しい内容でも、なんらかのフックがあって、それに相手が食いついてくれれば、距離を詰めることができるのです。

僕がいきなり「質問はトラップです。さあ質問トラップを作りましょう」と言っても、

誰もついてきてはくれないでしょう。「問いかけは相手との距離を詰めるものです。さあ『問いかけ作り』をしましょう」と言っても誰も「やってみよう！」とは思わないでしょう。

しかしそれを、「質問トラップって何だと思いますか？」「なんで問いかけって、最初に置かれることが多いんでしょう？」という質問から始め、「そう言えばなんでだろう？」なんて自分で考え始めるようになれば、こっちに興味を持ってもらえます。

つまり、**いっきに距離を縮めることができる**のです。

・会話でも「問いかけ」フックは重要

会話は質問によって構成されているという話をしましたが、**話に入れない友だちに話を振るタイミングでも、よく質問って使われます**よね。

僕もよく、話に入れないことがあるのですが、友だちが「〇〇って知ってる？」とか聞いてくれて、「うーん、聞いたことないなあ」「〇〇っていうのはね、……」「そうなんだ！」なんて具合に話に入れてもらうことがあります。

問いかけは、話に入れない人を話に入れるためのファーストステップなのです。

ちなみに、勘のいい人はもうお気づきかもしれませんが、ＳＴＥＰ２で紹介した３つの文章の型のうち、**「因果型」がこれに該当します**。
問いかけから始めて、その答えを出していく。この文章の型なら、相手との距離が遠い物事でもうまく伝えることができるのです。

では実際に「問いかけ」を作っていきましょう！

東大作文
Point33

「問いかけ」は読者を近くに引きつける「フック」の役割を果たす

「問いかけ作り」のやり方

「問いかけ作り」は、次の3ステップでできます。

①「譲歩作り」「インパクト作り」の付箋を用意する
②文章のはじめと、「譲歩」「インパクト文」を使うタイミングで、以下の型に当てはめて

寝ながら学べる構造主義

内田樹氏は、読者とのコミュニケーションを取りながら論理展開をするのが本当にうまい書き手だと思います。「なぜでしょうか?」「どういうことなのでしょうか?」といった疑問を投げかけたり、「読者の皆さんはこう思ったと思います」というように読者の目線に立った言葉を書いたりと、読者にとって読みやすい文章を楽しめます。
内田樹著　文藝春秋

問いかけを作る。

③400～500字に一度、問いかけが挟まっていればクリア

問いかけには、次の3つの「型」があります。これさえマスターしておけば、「問いかけ作り」はバッチリです！

・I「これって疑問に思ったことありませんか？」型

使用タイミング	最初
問いかけ例	「これって疑問に思ったことありませんか？」「これって不思議ですよね？」「これでつまずいたことのある人って多いんじゃないですか？」
作り方	自分の主張が答えになるような問いや、自分の主張に興味を持ってもらえる質問を考えて作れば完成

最初のタイミングで、「みなさん、これ知ってますか？」「これって疑問に思ったことありませんか？」と問いかける型です。**会話に入れない友だちを入れてあげるイメージの言葉なので、主に文章の最初で**使われます。

ＳＴＥＰ２でもご紹介した、**「主張が答えになる質問」**がこれに該当します。「空が青い理由」を語りたいなら「みなさん、なんで空が青いか知っていますか？」といった具合に、「この答え知っていますか？　私知っているんですよ！」と文章を進めていくのがこの型ですね。先ほど申し上げたように、「因果型」だとこの型をよく使います（99ページ参照）。

「自分の主張に興味を持ってもらえる問いかけって、どんなの？」と思う人もいるかもしれませんが、心配は無用です。**あなたの主張と関係し、後々の文章で答えがわかる問いなら、何でも「興味を持ってもらえる質問」**になります。

だからこそ、まずはひととおり文章を書いた後で問いかけを考えるのもおススメです。文章を書き終えて「この文章、入りの部分が少し読者に馴染みが薄いかもしれないな」と、距離が遠いと感じたタイミングで、「〇〇って知っていますか？」「〇〇って難しいですよね？」と問いかけを作りましょう。

・Ⅱ「相手の言葉を先回り」型

使用タイミング	「インパクト文」「譲歩」の後
問いかけ例	「『ええ、本当に?』と思った人もいるでしょう」「『それって難しいことなんじゃないの?』と思った人もいるでしょう」
作り方	「ツッコミ」をカギ括弧に入れれば完成

相手が疑問に思いそうなこと、つまり**「ツッコミ」を、先にこちらで封殺するというものな**のです。「今、こう思った人いたでしょ!」というやつですね。

これは、「1人ディベート」の「ツッコミ作り」で考えたことを「　」に入れて、「『○○』って思った人いたでしょ?」という形に直せばそれだけで完成です。

実は「譲歩作り」の譲歩でも、この形の譲歩をご紹介していました。あれは実は、「問いかけ作り」の先回りだったのです。

・Ⅲ「正解はどれ？」型

使用タイミング	「インパクト文」「譲歩」の前
問いかけ例	「次のうち、どちらが正解でしょうか？」「みなさんなら、どちらを選びますか？」
作り方	「インパクト文」や「譲歩」を正解の選択肢にして、「ツッコミ」を間違いの選択肢にすれば完成

「インパクト文」や「譲歩」の前に**選択式の問題を出すのが、この「正解はどれ？」型**です。「AとB、どちらだと思いますか？」と問いかけておき、その後で「Bだと思った人も多いと思いますが、実はAなんです！」と持ってくることで、譲歩やインパクト文の効果を倍増させることができます。

ここで、**「ツッコミ」を間違った選択肢にしておけば、多くの人が間違えてくれます**。

STEP3でお話ししたとおり、「ツッコミ」とは予定調和を崩すものです。だからこそ、面白いくらいに間違えてくれるし、そうなれば読者は「なんでだよ！　どうしてそっちが答えなんだよ！」と答えの解説を求めて、より深く文章を読み進めるようになります。

これぞまさに「トラップ」ですね。

要するに、**この型は「クイズ」**です。クイズというのは老若男女問わず、どんな人でも心惹かれる最強の「質問」なんです。

なぜなら、問いかけられたときに「どっちかな?」と自分の頭で悩み、正解したときはうれしくなり、不正解なら悔しくなるという、「楽しいゲーム」だからです。

競争したり、何かを比べたりして楽しむというのは、人間が古代ローマの時代からずっと続けてきた娯楽です。**そんな娯楽を入れ込むことで、あなたの文章は劇的に楽しくなる**のです。

・問いかけの頻度に注意

僕が文章を作っていて、いちばん気をつけているのは、**400~500字に一度は問いかけを入れ込む**という、問いかけ作り3ステップの③の段階です。

これ以上間隔が短くなると少しうざったく感じられてしまい、逆にこれ以上長くなると一方向的な文章になってしまいます。

「うーん、ちょっと難しそう……」と思う人もいるかもしれませんが、実践していくと、逆に「問いかけ」を書かないと気持ち悪くなってきます。やっぱり、「質問」というのは会話の基本なので、**「質問」があるほうが自然な文章の形**なのです。

だからみなさんもぜひ、「問いかけ」を作ってみてください！　きっと、文章が書きやすくなりますよ。

東大作文
Point 34

問いかけには「これ疑問に思ったことありませんか？」「相手の言葉を先回り」「正解はどれ？」の3つの型がある

3 ポジション作りで「読者に響く」文章を書く

読者との距離は「主観的な文章」のほうが近い

・質問は「主観的な文章」のほうが浮かびやすい

主観的な文章と客観的な文章。あなたはどちらのほうが好きですか？

この問いの答えは、人によってそれぞれだと思います。「私はこう思いました！」だと「えー？　でもそれってあなただけの意見じゃないの？」とツッコまれてしまいますし、「みんなこう思っているんです！」だと「いや、じゃああなたはそう思っていないの？」と疑問に思われてしまいます。

「主張作り」でも話しましたが、人によって主観的なことを言いたい場合も客観的なことを言いたい場合もありますから、どちらであっても文章は成立します。**どちらでもいい、**ということですね。

しかし、「会話を作る」という点においては違います。実は、**客観的な文章よりも、主**

観的な文章のほうが、「会話」しやすいのです。

たとえば、次の文章のうち、あなたがより「話を聞いてみたい！」と思う文章はどちらですか？

主張「不登校の子にはこういう言葉をかけてあげるべきだ」

A：私自身、不登校だったときにはこの言葉にすごく救われた

B：不登校の子の○割がこの言葉をかけられてうれしかったとアンケートで答えている

お察しのとおり、Aは「私」なので主観的、Bは「アンケートで」なので客観的な文章です。

この2つの文章を見比べたときに、「説得力があるな」と思えるのは、もしかしたらBの文章かもしれません。しかし、Aの文章のほうが、なんとなく「話を聞いてみたいな」という気になりませんか？

試しに、このAさんとBさん両方に、あなたが聞きたい質問を考えてみてください。

おそらく、Aさんなら「あなたにとって、その言葉はどういう意味を持つの？」「どう救われたの？」と聞けることはたくさんあると思います。しかしBさんには、「どういうアンケートなんですか？」というくらいのことしか聞けません。

先ほどお話ししたとおり、**「質問しやすい文章」というのは「相手と距離の近い文章」**です。近いからこそ質問できるし、逆に遠いと質問するのが大変です。

そう考えたときに、**「客観的な文章」というのは、遠い存在**なんです。読者は人間ですから、機械的なデータではなく人間的な感情のほうが、距離を近く感じるのです。

だからこそ、Aさんが感情的に「こうでした」と語るほうが距離が近く、質問も考えやすいんです。

・作文には「自己紹介」が必要だ

「主観的な作文」というのは、**作者の顔を見せる行為、つまりは「自己紹介」**です。

「不登校の子の○割がこの言葉をかけられてうれしかったとアンケートで答えている」だけだと、作者がいったいどう考えているのかがわかりませんよね。もしかしたらBさんも不登校を経験した人で、この主張に大きく共感しているかもしれませんが、そんな人間味はこの文章からは読み取れません。**「顔」が見えない**んです。

みなさんも、誰だかわからない、顔も見えない相手と話すよりも、自己紹介も済ませた顔の見える相手と話すほうが、話しやすいはずです。それと同じで、**主観的になるということは、それだけ読者との距離を縮められる行為**なのです。

ちなみに、僕も驚いたのですが、東大の国語の入試問題って、意外と「感情的な」文章が出題されます。

僕が受験した年は「飼っていた猫が死んでとても悲しかった」という文章が出題され、試験後に友だちが「さっきの文章、めっちゃ悲しかったよな……」と話しかけてきた覚えがあります。

その文章も、その猫の話からもっと深い生と死や献身といったテーマに話を広げていくものでした。そしてその問題を解くときには、きちんと主観的な「飼い猫の死」の話も踏まえて問題を解かないと点が取れないというものでした。

東大というと、すごく客観的で論理的なだけの文章が評価されると思われがちですが、

LOVE理論

内容はともかくとして、この本から伝わってくる文章の熱量は凄まじいものがあります。徹底的に主観的で、しかしだからこそ説得力のある言葉が書いてあるので、「文章が淡白だ」と言われる人は、ぜひ読んでみてください。

水野愛也著　大和書房

実は主観的な部分も強いのです。僕が編集長を務める東大の書評誌サークルも、みんなけっこう主観的に、「このシーンは自分の体験とマッチして感動した」というような書評も書いていて、読みやすいです。

客観的な文章を書くのも必要ですが、**主観的な部分も入れて書けると、より相手からの「↓」をもらいやすい**のです。

・一部でも「顔」を見せることが大切だ

主観的な文章を作るメリット、わかってもらえましたか？

注意していただきたいのですが、主観的な作文をしよう、と言っているわけではありません。**一部でもいいから、「顔」が見えるような「主観的な部分」を作っておこう**ということです。

みなさんだって、相手にずっと自分語りだけされても困ってしまいますよね？　自己紹介自体はすぐに済ませてしまってもかまいません。でも、自己紹介をまったくしないで話すのはちょっと怖いはず。一部でいいから、自己紹介のような文を忍ばせておくのがオススメです。

さらに、**自己紹介は「質問」を呼びます**。先ほどの文でも、主観的な文章に対して質問を思い浮かべるほうが簡単でしたよね。**ここも「質問トラップ」になる**わけです。

そして、そんなトラップになる「自己紹介」をするためのテクニックが、今から紹介する**「ポジション作り」**です。このテクニックで、**自分がどのポジションから話をしているのかを、自分の体験を交えながら語る**ことができます。つまり、自己紹介ができるのです。

東大作文
Point 35

文章にも、作者の「顔」が見える「自己紹介」が必要

「ポジション作り」のやり方

「ポジション作り」は、次の2ステップで完了です。

簡単なのですが、2番目のステップが少し複雑ですので、ここを詳しく解説していきます。

①「主張」と「目的」の付箋を取り出す

②自分が、次の4つのうちどのポジションにいるのかを考える

上司が部下に、先生が生徒に、学者が一般人に。相手との立場を考えたときに、**こちらのほうが優位な場合は「上」**です。

友だちに、仲間に、ビジネスパートナーに。相手との立場を考えたときに、**対等な場合は「横」**です。

部下が上司に、生徒が先生に。**相手との立場を考えたときに、相手のほうが優位な場合は「下」**です。

上にも横にも下にも分類できないものが、「外」です。

たとえば、不特定多数に自分の感情を伝える場合、相手と自分の関係ってよくわかりませんよね。ブログで「自分はこういう受験をしました！」と書く場合、「受験生」や「後輩」が見ることもあれば「先生」や「先輩」が見ることもあります。

4つのポジション

ポジション	どういう文章に多いか
上	論文・専門知識の多いプレゼンなど
横	メール・チャット・議事録など
下	提案書・質問票など
外	レポート・問題の解答・ブログなど

または、まったく利害関係がない人・事柄を語ることもあるはずです。ニュースや事件にコメントする場合や、試験の問題に対する解答もそうです。

「上」でも「横」でも「下」でもない場合は、「外」としておきましょう。

・「横」がいちばん都合がいい

この4つのうち1つを選んだら、次の行動は選んだものによって変わります。

Ⅰ「横」を選んだら、自分の「主張に対する自分の思い」を書く。
Ⅱ「上」を選んだら、「横」に立てる経験を探し、書いてみる。
Ⅲ「下」を選んだら、自分が「下」だと表明した上で、「主張に対する自分の思い」を書く。
Ⅳ「外」を選んだら、「上」「横」「下」のどれかに自分の立ち位置を定めてみる。↓「横」「上」「下」なら、ⅠⅡⅢへ。

ここのステップはちょっと説明が必要ですね。

まず、**「横」というのはとてもいいポジション**です。

ブログ｜神崎メリ　オフィシャルブログ

「メス力」というコンセプトを芯に据えて執筆活動を行っている神崎メリ氏。彼女の文章は上から目線ではなく、「自分も昔はダメだった」というような同じ目線で語られているからこそ入ってきやすいです。著者の立場に注目して読んでみてください。
神崎メリ著　https://lineblog.me/tokyo_nadeshiko/

というのは、究極的に言ってしまえば、**人間は「対等な相手」の言葉以外は入ってこない**からです。

先生や親から「勉強しろ！」と言われても、なかなかやる気になりませんよね。でも、友だちから「一緒に勉強しようぜ」と言われると、少しやる気が出たりします。同じ立場の人間の言葉でないと、行動まで行き着かないことが多いのです。

でも、先生や親の言葉であっても、「俺も昔は勉強しなかったんだけど、だからこそ苦労したんだ。お前にその苦労を味わってもらいたくないんだ」と言われたら、ちょっとやる気になるはずです。上から目線で「やれ！」と言われていたものが、**同じ目線で「やるといいよ」と言われた瞬間、スッと頭に入ってくる**。「横」にはそういう効果があるのです。

このＳＴＥＰ４で何度も出てきていますが、**入ってきやすいのは「距離が近いもの」**です。「上」でも「下」でも、距離が遠すぎてしまう。**「横」がいちばん近くて、いちばん伝わりやすい**のです。

「え、でも頭ごなしに強く言われて変わることもあるじゃん？」という人もいますが、それはそれで対等なんです。たとえば生徒が先生から「お前はダメダメだ！　勉強しないと将来超苦労するぞ！」と叱られて「やらなきゃ！」ってなることもあると思います。

でもそれは逆に、先生が生徒を大人だと思っているということです。本気でぶつかっているからこそ、生徒から嫌われることも厭わずに、叱ることができている。これはこれで1つの「対等」なのです。

さらに、「めっちゃすごい人の仕事術の本」などが売れることもありますが、それだって「徹頭徹尾まったく違う人間だ」と思っている人は眺めるだけで終わってしまうはずです。「なんとかその人の立場まで行きたい！」「もっとレベルアップして、その人に近づきたい！」と読者が「対等になりたい」と思うからこそ、読者は本に没入するのです。

「対等」という要素がないと、人は話を聞いてくれない。**「ポジション作り」は、「対等」を作るもの**なんです。

・文章の書き方は「ポジション」で変わる

これを踏まえて、Ⅰ～Ⅳを見ていきましょう。

まず、ポジションが「Ⅰ：横」で、すでに「対等」な人は、**そのまま思いの丈を書けばいい**です。「その主張に対する思い」がそのまま「自己紹介」になります。

「僕はこのラーメンがすごい美味しいと思った」「自分が不登校だったからこそ、この主張の正当性がわかる」とか、**ただただ主観的に「思い」を書けば、それで伝わる**のです。

「Ⅱ：上」の場合は、**まず「横」に立てるポイントを探さなければなりません**。

先生であれば生徒の側に立って、上司であれば部下の立場になって話をしなければならないわけです。

「うーん、それは難しいんじゃないかな？」と考える人もいるでしょうが、大丈夫です。

先ほど話したとおり、これは**「一部分」**で問題ありません。1つでもいいからそういうポイントを作っておけば、**後は勝手にそこが「質問トラップ」になってくれます**。

逆に、何個も何個も相手の立場に立つポイントがあると、読者も質問したいことが少なくなってしまいます。小出しの情報だから「え、それってどういうこと？」と聞きたくなるのです。

そして、「相手の立場に立つ」というのは、言い換えると**「相手との共通点を探す」**ということでもあります。

「自分も昔はこうだったんだ」という**過去との共通点**でもいいですし、「こういうことをしがちなのは自分もそうだ」という、**相手と共通する自分の弱み**を出してもいいです。

しかし、一方的に「お前の気持ちはわかる」と語るのはＮＧです。自己紹介は「主観的」でなければなりません。

「相手」が主語の自己紹介は、どうしても押しつけになってしまう場合が多いです。「自分もこうだったから、お前の気持ちはわかる」と、**かならず主語を「自分」にしましょう**。


「Ⅲ：下」は、実はいちばん難しいポジションです。

「上」のように、「僕とあなたって一緒です！」と語ったら、失礼になる場合もあります。

こういうときは、**「下」であるということを語りつつ、「横」として**話しましょう。「自分の立場はわきまえているけど、その上で僕はこう思ったんです」と語るわけです。

ただ単に「対等」であるかのように自分の感情をぶつけてしまうと「何様のつもりだ！」と言われてしまいます。それは「対等」ではないのに「対等」であるかのように振る舞っているからです。要は、「失礼」です。

しかし、「それを承知の上で語っている」ということを表明すれば、大抵の場合は許してもらえます。「失礼を承知の上で申し上げるのですが……」と語った上で「失礼だぞ！」と言われることって、なかなかないと思います。

それに、ちゃんと自分の口から「対等ではないことはわかっている」と表明すれば、自分の中でも「ああ、対等じゃないんだよな」と自分の分をわきまえることにもつながります。その上で語ることは、きっと普通の「対等」とは違う言葉になると思います。

「Ⅳ：外」は、まずポジションを決めましょう。

「え⁉ 決められないから『外』なんじゃないの？」と思うかもしれませんが、**決めないと「ポジション作り」はできません**。

作文において、「八方美人」というのは絶対にありえません。自分がどこにいるかもわからず、誰に書いているかもわからない状態で文章を書いて、それがどんな人にも伝わる文章になっている、ということは絶対にありえません。

自分の立場をブレさせて、誰も彼もに向けた文章を作ろうとしても、結局出来上がるのは誰にも伝わらない文章です。

だから、**「今のポジションは外だな」と感じたら、かならず「内」に入りましょう**。

「外」というのは客観的に距離を取って見ている状態です。ですが、何度も申し上げているとおり、**距離が遠かったら誰にも伝わらない**のです。まずは相手と近づかなくてはならない。相手を見定めて、それから語るようにしなければならないのです。

まずは自分が近づかないと、自己紹介なんてできない。知識を持っているなら「上」でいいです。まったく知識を知らない、何の関係もないことを話すのなら「下」でいいです。対等に話しかけたいのなら「横」でいいです。

どれかを選んで、**かならず「外」から「内」に入ってから話す**ようにしましょう。今まで「外」から語っていた人は、ぜひ試してみてください。たったこれだけのことで、文章は劇的に改善されますよ。

・どの立場からでも、最終的には「横」を目指す

STEP3・4ではずっと「相手から自分への『↓』をどうやって作るのか」というお話をしてきました。

これは言い換えるならば、**どうやって自分と相手を対等にするのか・同じ土俵に立たせるのか**ということです。文章に興味を持ってもらって、ツッコミを入れてもらうくらい距離を近くするSTEP3。より近くに来てもらい、会話するためのSTEP4。

稼ぐまちが地方を変える

木下斉氏の文章は、「立場」がしっかりしているからこそ読みやすいです。本人がさまざまな地域を本気で救おうと活動しているからこそ見える視点が、文章の中に反映されているのです。読者の「横」に立って文章を書いている最たる例だと思います。
木下斉著　NHK出版

とにかく相手に近づき、自分と相手が会話できるようにすることで、自分の話をより深く相手にわかってもらうのです。「相手→自分」というのは、対等に話をするためのものだったのです。

だからこそ、このSTEP3・4のテクニックを覚えれば、みなさんもきっと相手と距離の近い文章を書くことができるようになると思います！　ぜひ実践してみてください！

東大作文
Point 36

読者に対する自分の「立ち位置」を明らかにし、最終的には「横」を目指そう

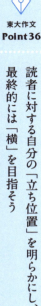

THE UNIVERSITY OF TOKYO WRITING TECHNIQUES

STEP 5

枝葉切りで「スマートな文章」が書ける

——東大生は「読む人の都合」を意識する

1 文章の「いらない部分」を見分けるテクニック

1文1文の「役割」をはっきりさせよう

STEP1・2で「自分→相手」の矢印の、STEP3・4で「相手→自分」の矢印の作り方をご紹介してきました。

ここまで、お疲れ様でした！　最後のSTEP5は、仕上げです。**両方の矢印の体裁を整えて、効果的でスマートな文章を作る「枝葉切り」**をご紹介します！

・文章は「木」である

「枝葉切り」の説明をする前に、みなさんに1つ知っておいてほしいことがあります。それは、**文章は「木」である**ということです。

みなさんは「木」というと、どんなイメージを持つでしょうか。まずは大きな幹があって、そこから枝が伸びている。そこに葉がついていて、その先に実がなっていることもある。土の下には根が張っていて、そのおかげで強い風が吹いても倒れない。それが「木」ですよね。

実は**文章の構成というのは、この「木」とまったく同じ**なんです。そして、今までのSTEP1～4はすべて、「木」を育てる行為だったのです。

木は、「根」が張って、そこから「幹」になる部分ができていき、次に「枝」、最後に「葉」や「実」という順番で育っていきますよね。**この順番は、「東大作文」の順番とまったく同じ**です。

まずは「根」。これは、STEP1で作った「目的」のことです。**「目的作り」は木の根を深く張らせる行為**だったのです。

そして、そこから「幹」ができてきます。これは、STEP1でご紹介した「主張」のことです。**「主張作り」は木の幹を作り上げる行為**。「目的」である「根」とつながりながら、言いたいことを文章にする行為だったわけです。

これら2つを合わせて「根幹」となります。**「あとがき作り」は、この「根幹」を育てる作業**だったわけです。

その後、その「幹」の先から「枝」ができてきます。これは、STEP2でご紹介した**「目次作り」**です。主張を補足したり、わかりやすくしたりするために、どの「型」が適切なのか、どう「枝」を伸ばすのがいいのかを考えるというものでした。

その「枝」の先には「葉」と「花」がつきます。これは、「根・幹・枝」とは少し性質が異なります。

木を成り立たせているのは、もちろん「根・幹・枝」。これがない木は木とは呼べません。しかし、「葉」や「花」がない木も、何だか殺風景ですよね。見た目がよくなるように、誰かから興味を持ってもらえるようにするためには、「葉」や「花」が必要なわけです。

そして、**「葉」はSTEP3「1人ディベート」**です。主張に説得力を持たせることで、

木の栄養をまかない、木を木として成り立たせる重要な役割を果たしているのが「葉」なわけです。

さらに、**人や鳥を呼び寄せる「花」としての役割を持つのがＳＴＥＰ４「質問トラップ作り」**。花があるおかげで、見た目も華やかになって、多くの人からいいと言ってもらえる「木」が作れるわけです。

まとめると、こんな感じですね。

根→目的
幹→主張
枝→論理の型に当てはめる、他の部門
葉→説得力を持たせるための言葉など（ＳＴＥＰ３）
花→会話につなげるための質問など（ＳＴＥＰ４）

・それぞれの役割を具体例で解説

たとえば、次の文章を「根」「幹」「枝」「葉」「花」に分けてみましょう。

> 他人のことが羨ましく思えるのは昔からよくあることです。身近な人間のほうが成功しているように見えたり、幸せそうに見えることというのはよくあることなんです。
>
> ちぐはぐなことのように思えるかもしれませんが、これは本当にありふれた話です。みなさんの周りにも、「独身のほうがいい」という既婚者や、「結婚したい」と話す独身の人が、いるのではないですか？
>
> 人間は、自分の選択した道以外の人を見ると、「あっちの道のほうが良かったんじゃないか」と感じがちなのです。

この文章を、先ほどの「根」「幹」「枝」「葉」「花」で分けると、こうなります。

幹＝人間は、自分の選択した道以外の人を見ると、「あっちの道のほうが良かったんじゃないか」と感じがち（主張）
枝＝身近な人間のほうが成功しているように見えたり、幸せそうに見えることというのはよくあること（同格型）
葉＝ちぐはぐなことのように思えるかもしれませんが、これは本当にありふれた話（インパクト文）
花＝「独身のほうがいい」という既婚者や、「結婚したい」と話す独身の人が、いるのではないですか？（質問）

このように、今までのテクニックで説明できることがわかると思います。

「あれ？　根がないよ？」と思う人もいるかもしれませんが、そこは「木」を想像してみてください。「木の根っこ」って、普通は見えませんよね。掘り起こすところまでやらないと見えてこないものです。

STEP1で「目的作り」をやりました。あのときに作った**目的は、文章を書く上では重要ですが、実際に文章に組み込まなくてもいい**んです。

「みなさんにこう変わってもらいたい」とか、わざわざ口に出さなくてもいい言葉ですよね。

しかし、先ほど申し上げたとおり、「根」と「幹」は密接につながっています。**「幹」を見れば、大抵の場合は自然と読者にも「これが『根』なのかも？」とわかってもらえます。**

・「根」がわかりやすい文章が「良い文章」

実は、**文章を読む相手に、「根」を掘り起こしてもらうことが、「相手に伝える」ということ**なのです。

たとえば先ほどの文章では、これを読んだ相手が「なるほど、他人のことが羨ましく思えるのは当たり前のことなんだと理解できた」となってくれれば、成功です。

そして、そんなふうに**「根」を掘り起こしやすい文章を作ることが、作文においていちばん重要なポイント、「相手に伝わりやすい文章を作る」**ということなのです。

さらに言えば、「根」を伝えやすくするためには、「根」にいちばん近い部分、「幹」を知ってもらう必要があります。**「幹」をできるだけ太くして、わかりやすくすることが「伝わりやすい文章」の秘訣**です。

だからこそ、ある程度「枝葉」を切って「幹」を太くする必要があります。**「枝葉切り」は、**

天声人語

新聞の編集後記や天声人語は、600字程度で非常にコンパクトに自分の論を展開します。「短くまとめる」という点においてこれほどいい教材はないでしょう。要約して書く能力を高めたいのであれば、ぜひ天声人語を読んでみましょう。

朝日新聞論説委員室著　朝日新聞出版

「幹」を強調するテクニックなのです。

「木」として、そして「文章」として、きちんと形にするために必要なのは、太くてわかりやすい「幹」を作ることです。幹がしっかりしていれば風が吹いても倒れませんし、読んでいる人も根を理解しやすいのです。そのために必要なのが、「枝葉切り」なのです。

「枝葉切り」には2つのステップがあります。まずは**どれが枝葉でどれが幹なのかを判断するための「枝葉探し」**。そして、**そこで見つけた枝葉を幹にしたり、短くするための「代用作り」**。

この2つを行うことで、「幹」の太い、伝わりやすい文章を作ることができるようになります！　ぜひ実践してみてください！

東大作文
Point 37

文章を構成する「文」は、「根」「幹」「枝」「葉」「花」のいずれかに分けられる

2 枝葉探しで「必要な文」と「不要な文」を仕分けよう

「不要な文」があると、人は読む気をなくす

何が不要なのかを見分け、不要な情報、「枝葉」を切る。これは、作文においてすごく重要なことです。

なぜなら、**不要な「枝葉」を切ることで、必要な情報だけで構成された論理的で伝わりやすい文章を作ることができる**からです。また、見分けられる能力があれば、そもそも不要な「枝葉」を書くこと自体も少なくなるはずです。

でも、みなさんの中には、

「そうは言っても、『消す』必要はないんじゃないの？」

「不要ってことはないんじゃない？」

とお考えの方もいらっしゃるかもしれません。

しかし実は、こうお考えの方は、大きな落とし穴にはまっています。作文において、おそらく引っかかっている人がいちばん多いであろう最大のトラップこそ、**「いらないことを書いてしまう」トラップ**です。

当たり前のように聞こえると思いますが、おそらく作文において、ここで失敗する人がいちばん多いんです。これは、きわめて重要なポイントです。

・人は「いらないこと」を書きがち

人間というのは不思議な生き物です。**長い話を聞くのは苦手なのに、長い話をするのは好きな人が多い**んです。

たとえば、校長先生の話って、長くて聞いていられませんでしたよね。「早く終わらないかなぁ」と思った経験がある人も多いはずです。それ以外にも、「話が長い人」と一緒にいるのは辛いという人も多いと思います。

しかし逆に、**自分が話す立場になると、なぜか長く話してしまう**んですよね。

相手に説明するときでも、自分の考えを表明するときでも、ついつい長い説明になってしまう。プレゼンをしたことがある人はわかると思うのですが、「5分で話せ」と言われたら7〜8分になってしまうし、「10分で話せ」と言われたら13〜15分になってしまうし、「30分で話せ」と言われたら40分になってしまうんですよね。

長い話を聞くのは苦痛だし、意識していないわけではないんだけど、でもどうしても、話す側に回ると長くなってしまう。人間にはそんな不思議な特徴があるのです。

この傾向は、**作文において特に顕著**になります。短くまとめるよりも、長く書くほうが実はラクだったりするのです。

「ええ？　そんなことはないんじゃない？」と思う人もいるかもしれませんが、そんな人にクイズです。

次のうち、東大の入試問題はどちらでしょうか？

①次の見解に対して、賛成・反対、いずれかの意見を英語で述べよ。40〜50語でまとめること。

②次の質問についてあなたの見解を200語程度の英語で解答欄にまとめなさい。

正解は①です。

①は１９９８年の東大英語の問題文、②は２０１８年の東京外国語大学の英語の問題文です。

これを見て、「へえ！　東大の英語よりも東京外国語大学の英語のほうが難しいんだな！」と考える人もいるかもしれませんが、そんなことはありません。実はこの「40～50語」という制限は、めちゃくちゃ大変なんです。

興味のある方は、ぜひ両方ともチャレンジしてみてください。語数は3分の1なのに、東大英語のほうが明らかに時間を取られたり、書きにくかったりします。

語数が少ないから上限まで書くだけならラクなのですが、それがなかなかちゃんとした文にはなりません。読み返すと「結局、何が言いたいんだ？」とよくわからないものができてしまうんです。

東大の英作文問題の語数の少なさは何年も前から続いているものですが、**他の大学と比べても異常に少ない**です。例に挙げた東京外国語大学が１５０～２００語、一橋大学が１２０～１５０語、大阪大学が70語程度、北海道大学が70～１００語です。東大の文字数制限が際立って厳しいことがわかると思います。

たしかに、長い英文を書くのも大変な作業ではあります。しかし、それよりも**実は「短くまとめて書く」ほうが難易度が高い**のです。これは、言語に関係なく、作文するときに付いて回る制約のようなものです。

・なぜ「短く書く」のは大変なのか

どうして「短く書く」というのは大変なのか。東大はこの制限のきつい作文問題でどんな能力を測っているのか。その答えは、**「批判的思考力」**だと思います。

人に伝わりやすい文章を書く力。自分の文章のどこがわかりにくいのか・ダメなのかを自己批判する力。

「ここはちょっと難しくて伝わらないだろうな」と文を削ぎ落としたり、「ここは長ったらしく語っていて、絶対相手に伝わらないじゃん」と文を切ったり。

そうやって、**自分の文章を客観的に見て、いらないところを切り、必要なものしか書かないという姿勢で作文するための能力**です。

「批判的思考力」を言い換えると、**「他者視点」**という言葉になります。

ブログ｜はあちゅうオフィシャルブログ　旦那観察日記

はあちゅう氏は、決して話が冗長にならないように、本当に必要最低限の言葉で人に物事を伝えるのが上手いと思います。話や文章が長くなりがちな人は、ぜひこの人のブログから学んでみてください。
はあちゅう著　https://ameblo.jp/mofu-everyday/

読む相手の立場に立って作文することができるかどうか、それが重要なポイントになるのです。これは、STEP2でご紹介した**「読者は頭がいい病」**でも必要になった考え方でしたね。

はっきり言って、作文すること自体は誰でもできます。文字をただ書き連ねていればいいのですから。でも、「読む人が読みやすいように」とか「読む人の立場に立って」とか、そういう読み手の側に立った作文は、意識していないとなかなかできないんです。

そして、それが測れるのが**「短く書けるかどうか」**なのです。先ほども言いましたが、聞き手にとって「長い文章」「長い話」は苦痛です。でも書き手にとっては「長い文章」「長い話」のほうがラク。

そこできちんと、**読む人の側に立って文章を書こうという意識があれば、短くまとめようとできるし、実際短くまとめられる**というわけです。

・「短く書く」のは、読者への思いやりに他ならない

難しいことのように聞こえるかもしれません。でも、これって**作文に限らず、当たり前のこと**なんです。

「相手のことを考えて行動する」「人のことを思いやる心を持ちましょう」なんて、小学校の道徳の時間に習うことですよね。僕も幾度となく「自分がやられたら傷付くことは、人にやっちゃいけないよ」と教わってきました。

それとまったく同じことだと思います。**「人から冗長な話をされるのが嫌だから、相手に冗長な話をしてはいけない」**ということです。

そして、僕も経験があるのですが、こういう**「相手のことを考えて行動する」って、意識すれば意外とラクにできるようになる**んですよね。やろうとしていないからできないのであって、やろうとすれば意外とできるようになる。そして、やっていくうちにだんだん自然とできるようになる。

それは、作文においても同じことなんです。これからお話しする**「枝葉切り」は、本質的には「相手のことを考える」という姿勢を作るもの**です。やり方を覚えて、みなさんが「やろう！」と思えば簡単にできること。なのでみなさんも、「相手のことを考えてみよう」という意識を持ってもらえれば幸いです。

そして、「相手のことを考えてみよう」という意識さえあれば、実は意外と「枝葉探し」

note｜塩谷舞さん

塩谷舞氏は、圧倒的な他者視点を持っている方だと思います。「どのように見られているか」「読者の目にはどのように映るか」について、非常に高いセンサーを持っていて、彼女のnoteではそれが公開されています。SNSの活用についても見識のある方なので、ぜひチェックしてみてください。

塩谷舞著　https://note.mu/ciotan

も簡単にできてしまいます。

東大作文
Point 38

「必要なことしか書かない」姿勢は、きわめて大切な読者への思いやり

不要な文を見つける「枝葉探し」のやり方

では枝葉探しのステップを見ていきましょう。

・①自分の文章が、3つの型のうちどれに近いかを考える

STEP2で紹介した、「同格型」「因果型」「対比型」の3つのうち、どの型に当てはまるかを見極めてください。

・②一文ずつ、「幹」「枝」「葉」「花」のどれに該当するかチェックする

自分で書いた文章を一文ずつ見直して、「この型で言うと、この文はどんな役割なのか

な？」と確認してみましょう。

・③どれにも当てはまらない文が、「いらない枝葉」！

「この型で言うと……あれ？　この文って役割あるかな？」と、文章全体の中で「幹」にも「枝」にも「葉」にも「花」にも該当しない文。それこそが「いらない情報」だと判断できます。

・④「枝」「葉」「花」のうち、文字数が多い・内容が被っている文も「いらない枝葉」！

「これ、何度も同じ『葉』が出てくるな」「この枝、説明に時間がかかってるし、あんまり効果的じゃないな」というものも「いらない情報」だと判断できます。

「いらない枝葉」を見つけた後の対処法は、**「代用作り」**でご紹介します！

東大作文
Point 39

いらないのは「幹」「枝」「葉」「花」のどれでもない文と、「枝」「葉」「花」のうち文字数が多い文・同じ内容の文

「3つの型」は、それぞれどんな「木」なのか

では具体的に、「3つの型」を「木」としてみていきましょう。

・①同格型

概要	自分の主張を、違う言葉で言い換えながら提示していく型
どんな文に多いか	説明・論説・チャット・説得……幅広く使われる

同じことを何度も繰り返して言うことで相手にわかってもらう「同格型」。これは、**「幹」を何度も言い換えていきます**。

下の図のように、**主張となる幹を前後に置き、その間に枝葉となる理由・具体例・説明が述べら**

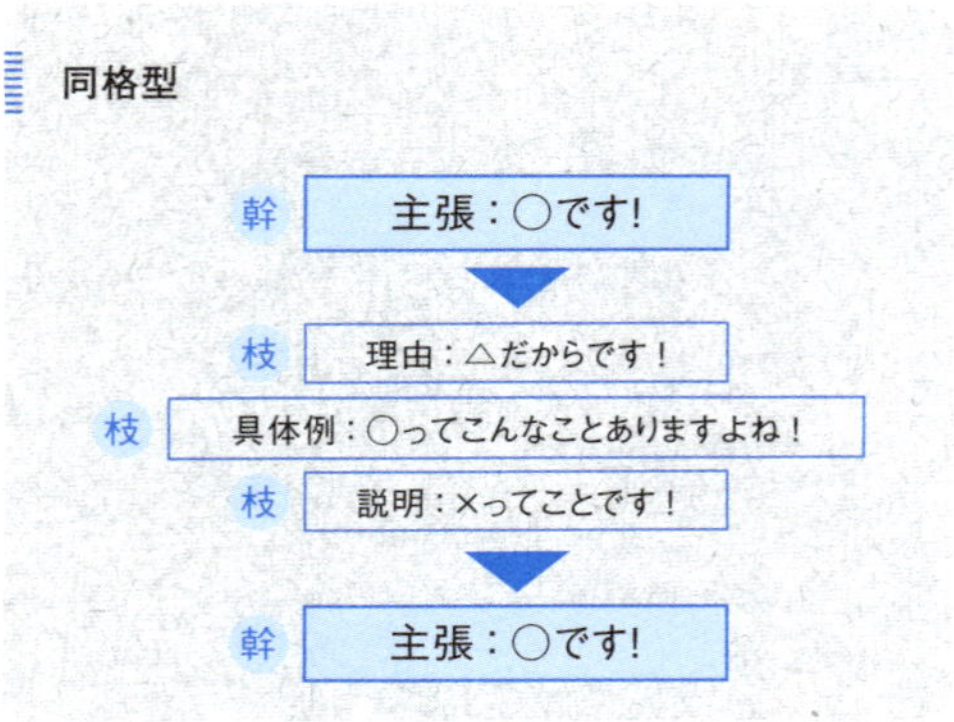
同格型
幹
主張：○です！
枝
理由：△だからです！
枝
具体例：○ってこんなことありますよね！
枝
説明：×ってことです！
幹
主張：○です！

れていくイメージです。

では、次の問題で「いらない一文」を探してみましょう!

枝葉探し問題1【同格型】

他人を幸せにできるのは、自分が幸せな人間だけだ。なぜなら、幸福というのは感染するもので、幸せは個人の感じ方次第だからだ。

たとえば、楽しそうにしている人の話を聞いていると、こっちまで幸せに感じることはないだろうか? 逆に悲しそうにしている人・怒っている人の愚痴などを聞いていると、不幸せな気持ちになることもある。こうした「幸せの感染」は、心理学の世界で科学的に実証されている事象だ。

つまり、人を幸せにしたければ、まず自分が幸せになり、他人に幸せを感染させなければならないということだ。

答え

幹＝主張：他人を幸せにできるのは、自分が幸せな人間だけ
枝＝理由：幸福というのは感染するものだから
葉＝具体例（質問）：楽しそうにしている人の話を聞いていると、こっちまで幸せに感じることはないだろうか？
枝＝具体例：逆に悲しそうにしている人・怒っている人の愚痴などを聞いていると、不幸せな気持ちになることもある
枝＝説明：こうした「幸せの感染」は、心理学の世界で科学的に実証されている事象だ
幹＝主張：人を幸せにしたければ、まず自分が幸せになり、他人に幸せを感染させなければならない

いかがでしょう。「他人を幸せにできるのは、自分が幸せな人間だけ」という主張が一貫しているのがわかりますね？

そう考えると、「幸せは個人の感じ方次第だからだ」という一文は浮いていることがわかっていただけると思います。枝でも葉でもない情報だと切り捨てられるはずです。

こうやって**「主張とどうつながっているのか」「幹にどうつながる枝葉なのか」を考えれば、「いらない枝葉」が見つけやすい**のです。

★ワンポイントアドバイス

例を見てもらえばわかると思うのですが、主張となる「幹」で述べていることを、具体例や説明で詳しく言い換えたり言葉を補ったりして文章を書き、最後にもう一度幹を言い換えて述べています。こんなふうに、何度も同じことを言って、とにかく相手にわかってもらうのがこの「同格型」です。

「何度も同じことを書いていいの？」と思うかもしれませんが、「幹」は何度繰り返しても大丈夫です。なんてったって、「相手に伝えたいこと」ですから。

「枝」「葉」も、役割が違う文なら問題ありません。この文章なら枝が3つありますが、それぞれ「理由」「具体例」「説明」の枝ですので、「いらない枝葉」ではないと判断できます。

逆に、「アメリカだけでなくフランスでも同様の実験が行われ、その結果は……」という文が「枝＝説明」に書かれていた場合、あまりにも同じ「枝＝説明」が長くなるので消すべきだ、と判断できます。

・②因果型

概要	「因果関係」、つまり「原因」と「結果」の関係が文章の中で作り上げられる型
どんな文に多いか	レポート・議論の分かれる内容、読者にとって未知の内容が多い説明文

原因になる事実を並べていき、最後に「ということで、こうなんです！」と結果である自分の主張を持ってくる「因果型」。ＳＴＥＰ４では、「相手との距離が遠いときに使う」とご説明しましたね。

先ほどの「同格型」では「主張」＝「幹」を最初に書いていましたが、それをあえて最初には書かず、代わりにみんなが知っている**「事実」＝「枝」や「質問」＝「花」から入る**ことで、読者が受け入れやすい文章を作れるわけです。

では、この型の例文を見ていきましょう。

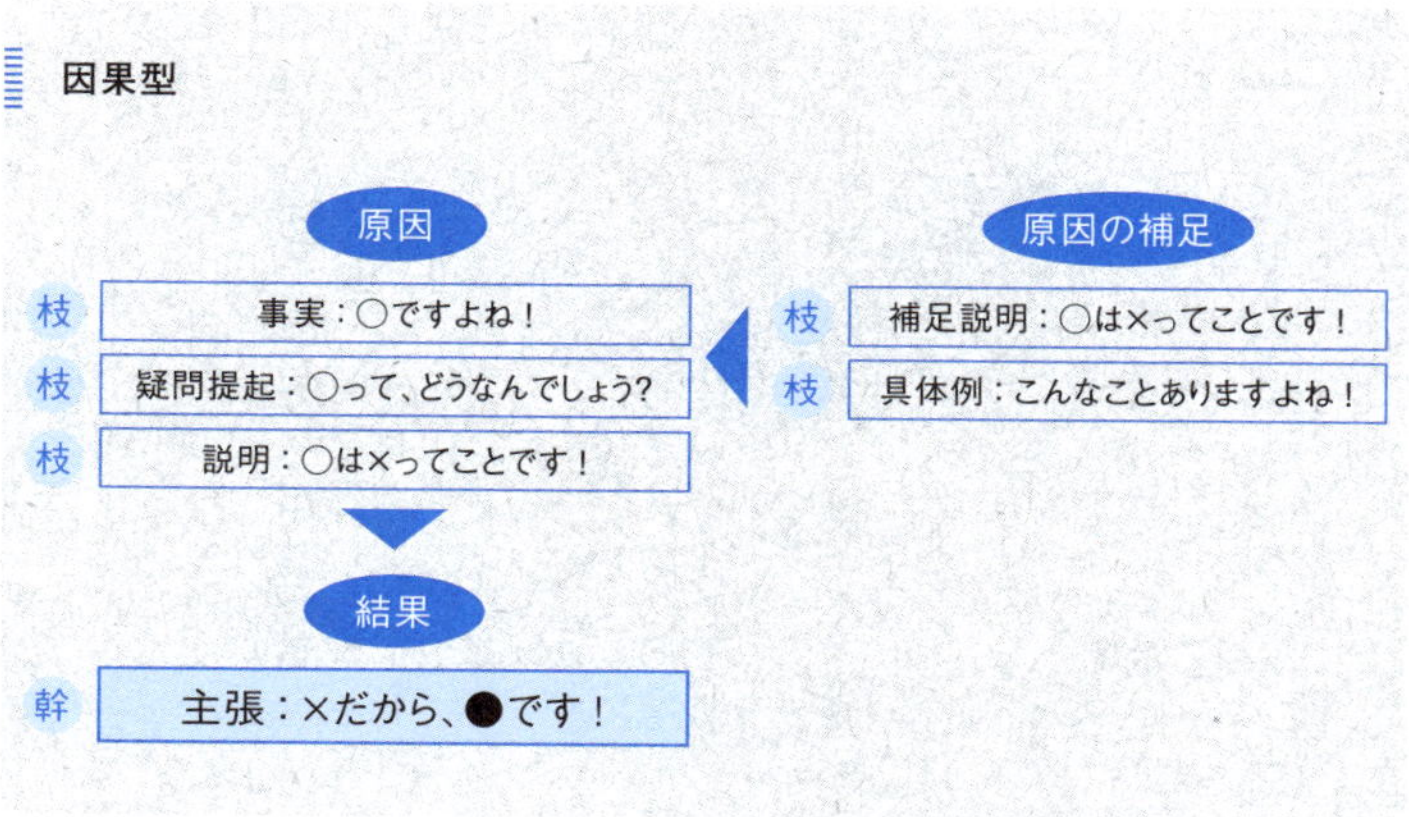

枝葉探し問題2【因果型】

人は、外見で人を評価しがちです。イケメンや美女の話のほうが説得力があると感じられたり、優しそうな外見をしている人を無条件に優しい人だと思ってしまうこと、みなさんにもあるのではないですか？ 外見のいい人は恵まれています。

しかし、みなさんの予想に反して、外見と中身は必ずしも一致しません。たとえば、アドルフ・ヒトラーの写真から邪悪そうなイメージを想起できる人はほぼいないでしょう。優しい人が怖そうな外見をしていることもありますし、頭がいい人が利発的な外見をしていないこともあります。かっこいい人がいい人だとも限りません。

だから、外見で人を判断することは合理的ではないのです。

答え

枝＝事実：人は、外見で人を評価しがち

枝＝具体例1：イケメンや美女の話のほうが説得力があると感じられたり、優し

そうな外見をしている人を無条件に優しい人だと思ってしまう
葉＝説明（インパクト文）：予想に反して、外見と中身は必ずしも一致しない
枝＝具体例２：アドルフ・ヒトラーの写真から邪悪そうなイメージを想起できる人はほぼいないし、優しい人が怖そうな外見をしていることもある。頭がいい人が利発的な外見をしていないこともあるし、かっこいい人がいい人だとも限らない
幹＝主張：外見で人を判断することは合理的ではない

「人は、外見で人を評価しがち」「外見と中身は必ずしも一致しない」という原因があって、最後に「外見で人を判断することは合理的ではない」という結論が導き出されています。「幹」を導くための「枝」がついており、その補足で「葉」がついているという構造がよくわかると思います。

そして、この構造の中だと「外見のいい人は恵まれている」という情報が浮いているのがわかりますよね。これがなくても、文章に何の支障もありませんし、むしろわかりやすくなります。これを「切っていいもの」と判断するわけです。

さらに、ここでは「枝＝具体例２」の分量が非常に多くなっていますね。また、「頭がいい人が……」と「かっこいい人が……」など内容も似ています。ここも切っていいと判断できるわけです。

・③対比型

概要	２つ以上のものを対比して語る場合の型
どんな文に多いか	議論になっている事柄・選択肢のある物事について語る場合

２つ以上の対立する概念、２つ以上ある選択肢を述べて、双方の具体的な説明と具体的な例を述べた後、「というわけで肉がいいです」「みんな違ってみんないいと思います」など自分の主張（幹）を語るのが「対比型」です。

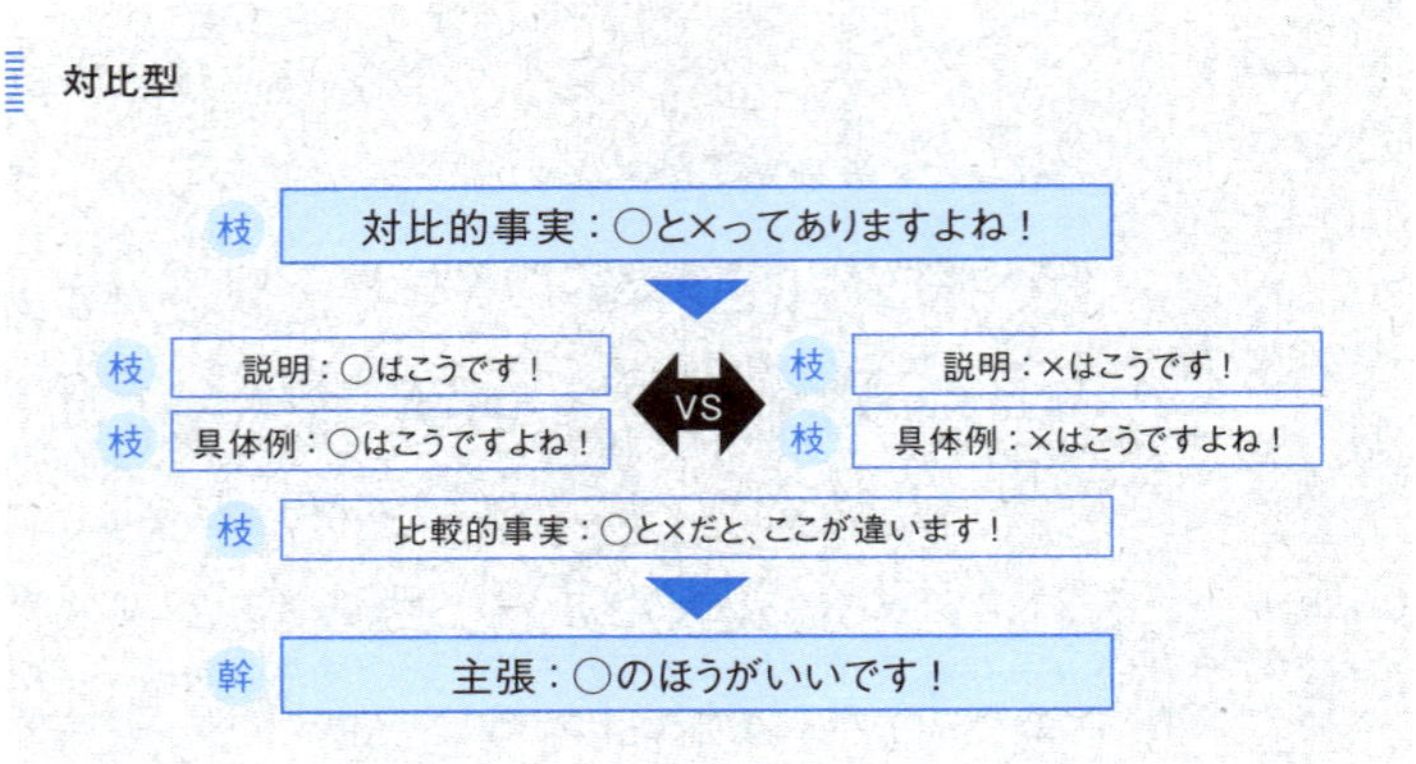

これを踏まえ、次の問題を考えてください。

枝葉探し問題3【対比型】

人を厳しく指導するべきか、それとも褒めて指導するべきかというのは議論が分かれる問題です。厳しく指導すれば「次は怒られないように頑張らなきゃ！」と思える、という意見もありますが、ずっと厳しく言われ続けると人間はモチベーションを保てなくなることが多いです。そして現在は、厳しい指導をする会社が多いそうです。

一方で、褒める指導なら「次も頑張ろう！」と思えますし、やる気も向上して長期的に頑張り続けることができると思います。

みなさんも、厳しい職場よりも褒めてもらえる職場のほうが、長く勤めたいと思いますよね？　厳しい指導よりも、褒めて伸ばす指導のほうがいいのではないでしょうか。

答え

枝＝対比的事実：人を厳しく指導するべきか、それとも褒めて指導するべきか

葉＝説明1（譲歩）：厳しく指導すれば「次は怒られないように頑張らなきゃ！」と思える、という意見もありますが、ずっと厳しく言われ続けると人間はモチベーションを保てなくなることが多い

枝＝説明2：褒める指導なら「次も頑張ろう！」と思えるし、やる気も向上して長期的に頑張り続けることができる

花＝具体例（質問）：厳しい職場よりも褒めてもらえる職場のほうが、長く勤めたいと思いますよね？

幹＝主張：厳しい指導よりも、褒めて伸ばす指導のほうがいい

「厳しい指導」と「褒める指導」が対立する概念で、ここでは「褒める指導がいい」という主張が最後にきています。

そして、それに合わせて「枝＝説明」が展開されています。こう見ると、「現在は、厳しい指導をする会社が多いそうです」が、役割のない文だとわかるはずです。これ、別に対

比や比較に関わる文ではありませんよね? こうやって「いらない枝葉」を探せばいいのです。

・自分で「役割」がわからない文章は、絶対に他人に通じない

どうでしょうか? みなさんの文章は、「枝」や「幹」は見つけやすいでしょうか?

「なかなか見つけられない!」という人は、もしかしたらここまでのステップでつまずきがあった人かもしれません。なぜなら、**あなたが「枝」や「幹」を見つけにくいということは、それは読者にとっても同じ**だからです。

「この人、いったい何が言いたいんだろう?」となってしまっている可能性があります。そういうときは、STEP2の**「3つの型」**に立ち返ってみましょう。この型をもう一度見直してから書き直せば、「幹」がわかりやすい文章が作れるはずです。

先ほど、「読者視点に立つことの大切さ」をお話ししました。

この「枝葉探し」では、**あなた自身もあなたの文章の読者になって、「何が言いたいことなのか」を探してみましょう**。きっとそこでは、「書き手」として文章を作っているときには気がつかなかった発見があると思います!

東大作文 Point 40

「3つの型」に当てはめて各文の「役割」をたしかめれば、「いらない文」は簡単に見つかる

3 代用作りで「いらない文」を「役立つ文」に作り替える

使えない「枝葉」も、少しの工夫で再利用できる

枝葉探しの次は「**代用作り**」です。枝葉探しで「この文はいらないな」「この文、削らなきゃ」というものはおおかた洗い出せたと思うので、今度は**その文をどう再利用するか**をご説明します。

「再利用」とは言いましたが、もちろん捨ててしまうことも可能です。もしかしたら、そっちのほうが短い文章になっていい、ということもあるかもしれません。

しかし、書いてしまったからには、捨ててしまうのはもったいない……ということはありますよね。僕も「すごい面白い話だと思うのに、文章内で役割を持たせられない……！　どうしよう！」と思うことがけっこうあります。

また、「今はつながっていないけれど、実は再利用すればいい文章になる言葉」というのも多いです。先ほどの例で言えば、「人に厳しく指導しないほうがいい」という主張に対して、「現在は厳しい指導が主流だ」という情報は、けっこう距離が近いものだと感じませんか？　なんらかの役割を持たせられそうですよね。

・「代用作り」は「幹とつながる」形に作り替えること

ここで登場するのが「代用作り」です。**いらない文を再利用して、幹とつながる「使える文」に作り替える**のです。

「幹とつなげる」という作業は、実は現代文における解答の鉄則の1つです。東大生も、このテクニックを多く実践しています。

実は**東大の現代文の問題は、たった2つのパターンしかない**と言われています。

1つは、「傍線部にこう書いてあるが、これはどういうことか説明しなさい」という説

明を求める問題。これに対して多くの東大生はこの傍線部を、ただ言い換えます。たとえば、「○○は△△だから××である」と書いてあった場合は「○○は／△△だから／××である」と3分割し、その上で文章中から「○○」「△△」「××」と同じことを言っているものを探してきて、言い換えて書きます。

大抵の場合、この傍線部に書いてあることは「幹」と直結することが多いですから、「枝葉」として書かれている傍線部を「幹」に言い換えるのです。

もう1つのパターンは「傍線部にこう書いてあるが、これはなぜか。説明しなさい」という理由を問う質問です。これに対して多くの東大生は、「○○だから傍線部」と文章がつなげられるような「○○」を文章の中から探します。

このときは、傍線部が「幹」で「○○」が「枝」である場合が多いです。なので、幹とつながる枝を探してくることで問題が解けるのです。

文章と文章の関連は、「言い換え」か「理由（因果）」が主です。「同格型」と「因果型」ですね。そして、このテクニックを応用すれば、誰でも簡単に「代用作り」ができるのです！

東大作文
Point41

「代用作り」とは、いらない「枝葉」を幹につなげ直すこと

「代用作り」のやり方

「代用作り」の具体的なステップは、次のとおりです。

①「枝葉探し」で探したいらない文と、「主張作り」で作った主張の付箋を用意する
②この2つを、以下で説明する2つの方法でつなげて文を作ってみる
③このときに「いらない文」のほうを変化させ、「代用文」を作成する
④その文を文章に入れ込んでみる

②の「2つの方法」とは、「同格化」と「因果化」です。

・同格化

いらない文と主張を、同様の文内容でつなげてみましょう。「つまり」「すなわち」などの接続詞がおススメです。

いらない文：彼はA君に似ている
主張：彼はかっこいい

普通なら、この2つはつながりませんね。「彼はA君に似ていてかっこいい」だと、「STEP2」で紹介したとおり、ちょっとつながりが遠いです。

この2つの文を、「つまり」でつなげられるように「彼はA君に似ている」を作り替えてみます。

彼は学校でいちばんかっこいいA君に似ている。（つまり）彼はかっこいい。

これならつながりますね。ここでは、「彼は学校でいちばんかっこいいA君に似ている」が代用文となります。

・因果化

いらない文を「原因」、主張の文を「結果」としてつなげてみましょう。「だから」「なので」などの接続詞がおススメです。

いらない文：今日は晴れだ
主張：自分は気分が悪い

この2つをつなげるならどうでしょう？　「だから」「なので」を使って2つをつなげようと考えると……

今日はカンカン照りで、熱中症になりそうなほど暑い。（だから）自分は気分が悪い。

ならつながりますね。ここでは、「今日はカンカン照りで、熱中症になりそうなほど暑い」が代用文となります。

主張は「幹」だとお話ししました。幹を太くして、「木」として成り立たせるのが作文だ、と。そこへいくと、この**「代用作り」は「幹とつながる文」を作る行為**です。

先ほどの「枝葉探し」を実践してくれた方ならわかっていただけるかもしれませんが、「いらない文」というのは、その文章で主張したいこととつながらない文である場合が非常に多いです。主張とつながらない文だから、意味がない文だと思われてしまう。

しかし、この**「代用作り」で「いらない文」を「主張とつながる文」に作り直すことで、意図が伝わる文を作り上げることができる**のです。

東大作文
Point 42

いらない文を主張とつなげ、再利用する方法には「同格化」と「因果化」の2つがある

PART 2

THE UNIVERSITY OF TOKYO WRITING TECHNIQUES

5つのシチュエーションに対応！「東大作文」実践編

THE UNIVERSITY OF TOKYO WRITING TECHNIQUES

CASE 0

作文が厄介なのは「失敗した感覚」がないこと

さて、PART1で、「東大作文」の作り方をご紹介してきました。

「あとがき作り」で自分の主張と目的を作り、**「目次作り」**でその主張をどう伝えるのかを考え、**「1人ディベート」**でその主張に譲歩やインパクトを作る。**「質問トラップ作り」**で相手をより引き込み、**「枝葉切り」**でいらない情報を消して必要な情報・主張と結びついた文章にしていく。

こうして、**双方向的で伝わりやすい文章が作れる**ことは、ご理解いただけたことと思います。

しかし、「そうはいっても、具体的にはどうやって作っていくんだろう?」とお考えの方も多いと思います。いくら方法がわかっていても、実際にやってみなければわかりません。

突然ですが、みなさんは自転車に乗ることはできますか?

僕は一応乗れるのですが、はじめから乗れたわけではありません。親から「こうやって乗ればいいのよ!」と教えられて、「なるほど! わかった!」と言って実践してみたのですが、はじめはなかなかバランスが取れずに転んでしまいました。

それが今、どうして僕が自転車に乗れるようになっているかといえば、「実践し、失敗から学んだ」からです。「ちゃんとこぎ続けないとすぐに転んでしまう」「はじめは立ちこぎしたほうが進みやすい」などなど、転んだ数だけ転んだ理由を分析して、実践したからこそ乗れるようになったのです。

作文もこれと同じです。**書いてみて、失敗してみて、そこから理由を分析するからこそ、書けるようになってくる**のです。

しかし作文の厄介なところは、**自分の書いた文章を「失敗」だと認識しにくい**ところにあります。体裁が整っていて、ある程度見栄えが良ければ、「成功」だと考えてしまう。

自転車と違って「転んだ」という感覚がないのです。

PART 2では、実際に「東大作文」のメソッドをいろいろな「作文」で応用していきます。メールや議事録、提案書や謝罪文、さまざまな作文で、「東大作文」のメソッドをご紹介します。

そしてそのときにはかならず、僕が昔書いてしまっていた、失敗の文章も共有させていただきます。なぜその文章が失敗なのか？　どうして失敗してしまったのか？　どうすれば直るのか？　そういうことも紹介させていただきます。

だからみなさんは、「失敗」と「成功」をあわせてチェックしてみてください。もしかしたら「失敗」の中にはみなさんが今、無意識にやってしまっているミスもあるかもしれません。それを気にしながら、文章を書いてみましょう。

どうすれば「東大作文」のメソッドを応用できるのか？　具体的にどういう文章が伝わりやすくて、どういう文章が伝わりにくいのか？

ぜひ、みなさんが作文をするつもりで、ご確認いただければと思います。

THE UNIVERSITY
OF TOKYO
WRITING TECHNIQUES

CASE 1

【メール・チャット】必要なことを「短く端的に」伝える技術

メールやチャットは、「短く端的に」が最重要

さて、以下の文章は、「知り合いの大人に、友だちを紹介したい」と思った僕が書いた文章をもとに作った「悪い例」です。

メールやＬＩＮＥは、長いとなかなか読む気がなくなってしまう媒体ですよね。そういう媒体で、こういう連絡が知り合いから来たら、みなさんはどう思うでしょうか？

✕ 悪い例

お久しぶりです！　お元気ですか？　南青山のイベント以来ですね。

今日ご連絡したのは、自分のゼミの後輩の○○が、教育の分野に進みたいと言っていて、教育格差の是正に携わる仕事について将来働きたいとのことなので、ぜひ××さんを紹介したいと思ってご連絡しました。その子と話していたら××さんの顔が浮かんで、後輩に話したらぜひ話が聞きたいと言ってくれたので、それならどこかで会ってもらおうと思いました。もし可能ならお時間を取っていただけますでしょうか？

教育の現場で働きたいという学生は多いですが、現状の社会では教育格差があることを鑑みて、それを是正するために働きたいという志を持った学生は少ないです。そして、そういう仕事というのも今少ないですから、ぜひ××さんのところに話を聞きに行きなよ！　と話していました。

もし大丈夫なら、11月10日にお会いできますか？

よろしくお願い致します。


いかがでしょう？　このメールのどこが悪いか、わかりましたか？

まず、後輩がどういう人なのかわかりませんね。「教育格差問題に関心がある」以上の情報がこの文章だとわかりにくいです。

また、「なぜ××さんが適任だと思ったのか」がすっ飛ばされていて、「そういう仕事が少ない」→「××さんに会ったらいい」と少し論理が飛躍しています。これでは伝わるものも伝わりません。


つまり、このメールは**読む側のことを意識できていない**のです。

書き手からしたら、後輩がどんな子なのか、××さんのことを自分がどういう人だと思っているのかなどは、「知っている情報」です。しかし、相手からしたらそれは未知の情報。きちんと明示されていないとわからない情報なんです。

では、良い例を見た後、どのように考えて書くべきかをご紹介しましょう。

◎良い例

お久しぶりです！　お元気ですか？　南青山のイベント以来ですね。

今日は、自分の後輩を××さんにご紹介させていただきたく、ご連絡致しました。

実は先日、自分の後輩の◯◯という者から、××さんの専門領域である「教育格差の是正に携わる仕事について将来働きたい」と相談を受けました。知ってのとおり、現状この分野の仕事やこの分野に携わる仕事についていらっしゃる方は少なく、お話を伺う機会もほぼ皆無なので、誰か知り合いにこの分野に明るい人はいないか、と。そう考えたときに、真っ先に頭に浮かんだのが××さんでした。

ご多忙とは存じますが、この◯◯という後輩は非常に意欲的で学ぶ意欲のある学生で、××さんにお会いいただく価値がある人間だと思っています。

僕としても、彼のような学生にはどんどん××さんのような素晴らしい大人と会って、自分の進路を選択してほしいと考えています。
もしよろしければ、11月10日にお会いできませんでしょうか？
よろしくお願い致します。

必要なことを「短く端的に」伝える思考法

こちらの文章は、先ほどの「悪い例」とほとんど同じ内容のことしか言っていません。文字の量もほとんど変わっていませんし、作成時間だって同じくらいです。

しかし、それでもこちらのほうがなんとなく、メッセージを受け取る側は「なるほど、会ってみてもいいかな」という気になると思います。

いったいどこが違うのか？　ここには2つのポイントがあります。

1つは先ほどの**「相手にとって未知の情報を入れない」**ということ。

短く要件を伝えるメールでは、難しい用語や相手の知らない情報を「まあ説明しなくてもいいや」と思いがちです。しかし先ほど言ったとおり、受け手にとって未知の情報があると、受け手は文章が読みづらく感じてしまいます。

まずはここを修正しましょう。もし**相手にとって未知の情報で、説明が面倒だったら、もうその情報は入れなくていい**と思います。「枝葉切り」で容赦なく切りましょう。

2つ目は、**「主張がしっかりしている」**こと。「○○という後輩に会ってもらいたい」というメッセージが一貫しています。

正直な話、いろいろ文章にしていますが、本当は「○○という後輩に会ってもらいたい」とだけ言えればそれでいいはずです。

それを、いろいろな文章をくっつけているのは、自分の主張を強くして、相手を説得するため。たったそれだけのためのはずです。

だからこそ、**文章に「主張」を埋もれさせない努力が必要なのです。「端的に」伝えるというのは「主張をはっきりさせて、文章を形にする」**ことに他ならないのです。

では具体的に、「東大作文」のどのテクニックを使ったのかを見てみましょう。

・「あとがき作り」

主張作り：「○○という後輩に会ってもらいたい」を主張にする。

目的作り：【要望型】→「共感」が手段で「変化」が目的。

相手に感情的に訴え、相手に何か具体的な変化を与えることが目的。

「共感：○○という後輩を紹介したい！」

「変化：○○という後輩を紹介することを承諾してもらえる」

メッセージは、そんなにかしこまって論理的に説明する必要はありません。

・「目次作り」

ルート選び：同格型で、「自分の後輩を××さんにご紹介したい」という主張を言い換え続ける。

・「1人ディベート」

ツッコミ作り：相手は多忙な方だから、そんなお時間をいただいていいの？

譲歩作り・インパクト作り：それでも、○○という後輩は非常に意欲的で学ぶ意欲のある学生で、××さんにお会いいただく価値がある人間だと思っている。

・「質問トラップ作り」

「僕としても、彼のような学生にはどんどん××さんのような素晴らしい大人と会って、自分の進路を選択してほしいと考えています」

ポジション作り：要望型で、目上の人にお願いするわけだから、ポジションは「下」になる。「ご多忙とは存じますが……」と一言入れた上で、「僕としても」と自分を主語に語ることで、うまく要望しよう。

・「枝葉探し」

「その子と話していたら××さんの顔が浮かんで、後輩に話したらぜひ話が聞きたいと言ってくれたので、それならどこかで会ってもらおうと思いました」

これは、主張と結びつかず、かつ相手にとって未知の情報なので切っていいですね。

THE UNIVERSITY
OF TOKYO
WRITING TECHNIQUES

CASE
2

【議事録・報告書・レポート】
「わかりやすい説明」の技術

報告書は「相手のこと」を意識する

さて、次は「報告書」です。何かを説明し、相手に何かを伝えるために書かれた文章ですね。

ここで必要なことは何かというと、PART1でもずっと登場し続けていた**「相手のことを意識すること」**です。自分がわかっていることを、相手にわかってもらう。すごく単純なことではあるのですが、これはすごく大変なことです。ここを理解していないと、次のような文章を書いてしまうことになります。

✕悪い例

3月27日イベント　報告書

読書力の向上について知見のある○○先生の講演会に行って

- 読書すれば、人間力が向上する
- 他人の体験や価値観を追体験するのが読書
- 読書は価値観を豊かにする
- わからないところは飛ばしてもいい
- 読者において求められるのは自分の意見を持つことだということがわかった
- 読書でやってはいけないのは、表紙を読まないで本を読むことだと知った

これは、「報告」ですね。**一方的に、「こんなことがあったんだ！」と伝えるだけ**です。

これだけ読んでも、何が何だかわかりません。

たとえば最後に「読書でやってはいけないのは、表紙を読まないで本を読むことだと知った」と書かれていますが、これだけ読んでも読者は「うん、それを報告されて、自分はどうすればいいいの?」と思ってしまいます。

読者のことを意識していないと、**読者にとってなんら得るものがない、悪い意味での「報告書」ができてしまう**のです。

◎良い例

3月27日イベント　報告書

読書力を上げる○○先生の講演会から、身になる読書をするために役に立つ情報を共有します。

●読書とは、人間力を上げる行為である

・本を正しく読解できれば、実は「国語力」が身につく

↓「国語力」とは、本を読む能力だけでなく、コミュニケーション能力や文章力も含まれる

・読書とは、価値観を豊かにする行為である

↓他人の体験や価値観を追体験するのが読書

↓他人への想像力が身につき、価値観が広がる

●頭に残りやすく、人間力も上がる読書とは？：著者を想像して読むといい

・表紙をあらかじめ読んでおく

↓実は人は意外と、表紙をきちんと読んでいないことが多い。見て、情報を受け流しているだけで、表紙の言葉を自分で咀嚼していない

↓表紙に何が書いてあるのかは、著者のことを知るいいキッカケになる

・著者のことを知る＝著者の価値観を知る

・目の前に著者がいると考えて、質問するつもりで読む
↓読書をコミュニケーションだと捉えておくと、コミュニケーション能力も上がりやすい
↓常に「自分の意見」を持って著者に臨むことで、著者の価値観に触れられる

・わからなかったら飛ばしていい
↓著者と価値観が合わないこともある

●感想

実際に「表紙を読む」「目の前に著者がいるつもりで読む」「わからなかったら飛ばす」を実践してみたところ、本の内容がたしかに頭に入りやすくなった。これで人間力が上がるかはわからないが、継続していけばもしかしたら人間力が上がるかもしれないと感じた。

「わかりやすい説明」を作る思考法

相手にとってわかりやすい文章を書きたいのならば、**「型」と「論理」がしっかりしている文章**を作りましょう。この2つがしっかりしてさえいれば、どんな文章も伝わりやすくなります。

たとえば、「目次作り」で出てきた「論理」を考えると、悪い例の中にあった「読書する」→「人間力が向上する」は論理が飛躍していることがわかるはずです。悪い例では、そもそも何を伝えたいのかという「主張」がわからないから、何も伝わってきませんでした。

それを書き直しただけで、論理が通って相手に伝わりやすくなっています。

議事録は、「共有型」で書く場合と「要望型」で書く場合の2パターンがあります。覚えていますか？「納得」が手段で「理解」が目的なのが「共有型」で、「共感」が手段で「変化」が目的なのが「要望型」でした（68-69ページ参照）。

相手に論理的に訴え、相手に何かを理解してもらう「共有」と、相手に感情的に訴え、相手に変化を与える「要望」。この文章でいうなら、「教わったテクニックで、自分も得るものが多かった」と伝えたいならば「共有型」を、「教わったテクニックを、みんなも実践してほしい！」と考えるならば「要望型」になります。

今回は、「共有型」で作文してみました。

・「あとがき作り」
主張作り：「○○先生の読書テクニックがとても良かった」を主張にする。

目的作り：【共有型】→「納得」が手段で「理解」が目的。

相手に論理的に訴え、相手に何かを理解してもらうことが目的になる。

「納得：○○先生の読書テクニックには効果がある」

「理解：○○先生の読書テクニックがとても良かった」


ここで、場合によっては「きちんと自分が○○先生の読書テクニックで成長した」ということを相手に理解してもらわなければならないこともあるかもしれません。そこはお好みで！

メモの魔力

ノートやメモに関してもっと深い理解を得たい場合はこの本がオススメです。また、この本の文章も、読者に寄り添う形で、かつ「読者がアウトプットすること」をゴールにして書かれているので、その点に注目して読んでみるといいと思います。どうやって読者を「やってみよう!」という気にさせるのか、ぜひチェックしてみてください。
前田裕二著　幻冬舎

・「目次作り」

ルート選び：同格型で、「〇〇先生の読書テクニックがとても良かった」という主張を言い換え続ける。

・「1人ディベート」

ツッコミ作り：表紙くらい読んでいるよ！ 当たり前じゃん！

譲歩作り・インパクト作り：実はきちんと読んでいないことが多い。見て、情報を受け流しているだけで、表紙の言葉を自分で咀嚼していない。

・「質問トラップ作り」

「実際に『表紙を読む』『目の前に著者がいるつもりで読む』『わからなかったら飛ばす』を実践してみたところ、……」

ポジション作り：報告書は「横」のことが多い。なので、素直に「自分」を主語に語ればいい。

THE UNIVERSITY OF TOKYO WRITING TECHNIQUES

CASE 3

【企画書・提案書】「説得力を高める」技術

説得力は「言い方1つ」で大きく変わる

次は「企画書」や「提案書」のような、説得力を持たせて相手を説得するための文章です。「説得力がある内容を書きたい！」となったら、僕たちはよく「内容」のほうを充実させようとします。「もっといい案じゃなきゃ説得できない！」と。

しかし、**説得力は言い方1つでぜんぜん違ってくる**ものなのです。まずは、説得力のない文章をご覧ください。

✕ 悪い例

「ビジネスコンテスト企画案」

・概要

○○地域でビジネスコンテストを行う。

・企画の背景

○○地域は若者が少なく、高齢化率が40%を超えており、あと3年したら50%を超えると言われるほどに深刻な過疎化が進んでいる。

・企画の内容

都会から若者を呼び、2泊3日でビジネスコンテストを行う。若者には、この地域でどのようなビジネスが可能かを考えてもらい、最終日に発表させる。

・企画のメリット

○○地域には若者が不足しており、高齢者が多くなっている。なので、ビジネスコンテストで都会からこの地域に来てくれる若者を増やして、アイデアを考えてもらえばいいのではないか。

この地域は新しいことに挑戦する空気感がなく、新鮮なアイデアが生まれてこなかった。他の地域から来た若者であれば、今までこの地域になかった新鮮なアイデアを考えることができるだろう。

どうでしょう。何だか説得力がないと思いませんか？

現状の地域の分析とか、この企画のメリットなんかも列挙しているのに、なぜか説得力がない。この提案書ではおそらく、この企画は棄却されてしまうことと思います。

いったい何が足りないのか？　それは、**「言葉と言葉とがつながっていない」**ということです。

たとえば、「高齢化が進んでいる」→「だからビジネスコンテストだ！」とはならないはずですよね。「背景」と「内容」のつながりが見えません。その間には何個か矢印があるはずですし、これでは論理が飛躍しています。

論理が飛躍しているからこそ、メリットがわかりにくいのです。

「地域に若者が来ること」がいいことなのか、「新鮮なアイデアが生まれること」がいいことなのか、この地域の現状と組み合わせて考えたときに、なかなか想像がつきません。

では、次にそれをリライトしたバージョンをご覧ください。

◎良い例

「ビジネスコンテスト企画案」

・概要

○○地域でビジネスコンテストを行う。

・企画の背景

○○地域は若者が少なく、高齢化率も高い。若者が少ない地域なので、新鮮なアイデアが生まれにくく、企画や考え方が凝り固まっていて、新鮮味がない。

・企画の内容

ビジネスコンテストを行い、都会から多くの若者にこの地域に来てもらう。この地域で考えられるビジネスのアイデアをコンテスト形式で発表してもらい、若者の新鮮なアイデアをこの地域に取り入れる契機とする。

・企画のメリット

若者の少ないこの地域に若者を呼ぶことで、この地域に活気が生まれる。

その上で、今までこの地域の住民だけでは考えられなかったような若者の新鮮なアイデアをこの地域に取り入れることが可能になる。

たしかに、しょせんは若者のアイデアなので、完璧なアイデアが出てくることはないだろう。しかし、今この地域に求められているのは、この地域に住む私たちでは思いつかないような、イノベーティブなアイデアだ。

誤解を恐れずに言うが、この地域の住民は、私も含めて、今までの経験や今までのアイデアに引っ張られた企画ばかりを考えてしまう傾向があると思う。今この地域に求められるのは他所から来た若い人の、今までこの地域の中で生まれ得なかった新鮮な考え方ではないだろうか？

そうした新鮮なアイデアは、きっとこの地域の住民にも大きなプラスの影響をもたらしてくれると考える。

以上の理由により、私はこの地域でビジネスコンテストを開き、若者の新鮮なアイデアを地域に取り入れることを提案する。

「説得力を高める」作文を作る思考法

企画書や提案書に盛り込む内容というのは、その企画の内容によって異なりますが、ここにあるとおり「背景（現状）」「内容」「メリット（目的）」などが書かれることが多いです。

ここで重要なのは、**これらの要素がしっかり有機的につながっている**ことです。「こういう背景があるから、こういう企画がいいんです」「このメリットは、現状のこの問題を解消できるんです」と積み上がっていくからこそ、企画は魅力的に映り、説得力が出ます。

STEP3で「ギャップは説得力を生む」と説明しましたが、どんなに「この企画はいい企画なんです！」と言っても、ギャップは生まれません。どんな企画だって、実践したらいい効果は少なからずあるはず。0がプラスになってもギャップではないのです。

真に説得力を持たせようと思ったら、**「マイナスがプラスになる」というギャップを作る**べきなんです。「現状、こんなマイナスがありますよね？」「だから、このマイナスをプラスにするんです！」と語ることで、説得力が生まれるのです。

だからこそ、「背景」「内容」「メリット」、そのすべてが論理的につながる企画書を作る必要があるのです。

・「あとがき作り」

主張作り：「〇〇地域でビジネスコンテストを開くべきだ！」を主張にする。

目的作り：【警鐘型】↓「納得」が手段で「変化」が目的。

相手に論理的に訴え、相手に何か具体的な変化を与えることが目的。

「納得：○○地域は、新鮮なアイデアが生まれにくい！」

「変化：○○地域でビジネスコンテストを開き、新鮮なアイデアを地域に取り入れる契機にする」

・「目次作り」

ルート選び：同格型で、「○○地域でビジネスコンテストを開くべきだ！」という主張を言い換え続ける。

・「1人ディベート」

ツッコミ作り：他所から来た若者のアイデアの中から、素晴らしいアイデアが生まれるとは考えにくい。

譲歩作り・インパクト作り：たしかに、しょせんは若者のアイデアなので、完璧なアイデアが出てくることはないだろう。しかし、今この地域に求められるのは、この地域に住む私たちでは思いつかないような、イノベーティブなアイデアだ。

・「質問トラップ作り」

「誤解を恐れずに言うが、この地域の住民は、私も含めて、今までの経験や今までのアイデアに引っ張られた企画ばかりを考えてしまう傾向があると思う」

ポジション作り：企画・提案する側は、企画や提案を聞き入れる立場にいる人間にとっては「下」。だから、はじめに「誤解を恐れずに言うが」と一言断った上で「自分はこう思うよ」「自分もこういうところあるよ」と書くと、相手に伝わりやすい文章になる。

THE UNIVERSITY OF TOKYO WRITING TECHNIQUES

CASE 4

【SNS・ブログ・メモ】「共感される」技術

SNSやブログでは「共感」が最重要

SNSやブログで周知する場合、大切なのは**「共感」**です。

「なるほど、たしかにそうだな」とか、「これは自分にも当てはまるな」とか、そういう相手からの矢印を引っ張ってくることができる文章のほうが、人は積極的にシェアしてくれます。

この共感をおろそかにした文章だと、どんなに**魅力的な情報であっても、なかなか相手に届かない**のです。

さて、次の文章は、「共感」がおろそかな文章です。

×悪い例

若者のこれからについて考えるイベントを11月10日に南青山で開催するので、ぜひ来てください！

自分の将来を考えるいいキッカケになればいいと思い、イベントの運営を行っています。楽しい時間になればと思って1カ月前から準備しております！

100人ほど参加者を集めたいと思っていて、5人1組になって20グループによるグループワークをしようと考えています。グループワークでは、参加者同士が話し合う時間も作れればと思っていて、それを30分程度行う予定で考えています。

また、教育の分野で活躍する○○先生も来ます！

応募はこちらのフォームにご記入ください！

さて、この「悪い例」のイベント、みなさんは行きたいと思うでしょうか？

なかなか「行きたい」とは思いませんよね。いろいろ列挙されていますが、これではイベントの情報をただ突っ込んであるだけにしか見えません。「へえ！　行ってみたいな！」という気にならないと思います。

TwitterやFacebookでこんなイベントの招待が来ても、スルーする方が多いと思います。

この文章に欠けているのは**「共感」**です。読者が「なるほど、このイベントは楽しいんだな」「このイベントは行く意義があるんだな」と感じられるポイントが少ないのです。

「共感」というのは、**「相手に刺さるポイント」**と言い換えられます。「なるほど！」と頷けるポイントのことです。それがおろそかなままでは、どんな文章であっても、どんなにいいイベントでも人は集まらないのです。

◎ 良い例

「自分は将来どんな職に就けばいいのか？」
「どう選べばいいのか？」

そういうお悩みを持つ方も多いと思います。将来の話をする場や、将来について話す機会ってなかなかないですよね。

そんなみなさんのお悩みを一瞬で解消するのが、このイベント。自分の将来を考えるいいキッカケになります！　これからの将来について、仲間と語り合う時間を共有してみませんか？

「でも自分は、今まだ将来について何も決めていないし……」「こんな自分が参加して大丈夫なのかな？」とお考えの方も多いかもしれませんが、大丈夫！　教育の分野で活躍する○○先生が、何も決まっていない人でも、自分の将来を決められる方法を教えちゃいます！

グループワークでいろんな人と語り合う時間も取っています！　同じく将来について悩む人と話して、自分の将来を見つけられるかも！

開催日・場所：11月10日・南青山
応募方法：こちらのフォームにご記入ください！

僕も1年前に参加して、めちゃくちゃ刺激になったイベントです！　将来について悩んでいる人は、ぜひご参加ください！

「共感される」作文を作る思考法

「共感」を作る手段は2つあります。

1つは「質問」です。この文章では「自分は将来どんな職に就けばいいのか？」「どう選べばいいのか？」という疑問の投げかけが該当しますね。

「コミュニケーションは質問によって成り立っている」というお話はしましたが、**共感というのはまさに会話の中から生まれるもの**です。「こういうことってあるよね？」とか「これすごく気になるんだけど、私だけ？」といった文章が定期的にTwitterなどでリツイートされることがありますが、なぜ拡散されているのかといえば、そこにコミュニケーションがあるからです。

「わかる！」とか「あるある！」と質問に対して回答できるような問いがあると、人間は共感を示しやすいのです。

2つ目は、「ポジション作り」でお話しした「対等」の要素です。「自分」が主語の言葉ですね。

ここでは最後の「僕も1年前に参加して、めちゃくちゃ刺激になったイベントです！　将来について悩んでいる人は、ぜひご参加ください！」が該当します。

人間は、**対等でないと共感**できません。上司が語る内容に「そうですよね！　僕も同じこと思っていました。めちゃくちゃよくわかります！」と話すと、ちょっと失礼になる場合が多いと思います。対等だからこそ共感できるし、対等な立場の人間だからこそ共感を示しやすいのです。

だからこそ**「自分」が主語の文章を入れること**。これが共感を集めるテクニックなのです。

・「あとがき作り」

主張作り：「若者のこれからを考えるイベントに来てほしい！」を主張にする。

目的作り：**【要望型】**を選択。「共感」が手段で「変化」が目的。

「共感：このイベントはめちゃくちゃいいイベント！」

「変化：将来について悩んでいる人にイベントに来てほしい！」

SNSで夢を叶える

SNSについて理解を深めたい場合は、ゆうこす氏のこの本がオススメです。この本で登場する「本音」という要素は、僕も非常によく理解でき、勉強になった考え方です。
ゆうこす著　KADOKAWA

・「目次作り」

ルート選び：因果型で、「こういう悩みってありますよね？」からスタートして「（だから、）若者のこれからを考えるイベントに来てほしい！」につなげている。

・「1人ディベート」

ツッコミ作り：「こんな自分が参加して大丈夫なのかな？」

譲歩作り・インパクト作り：「何も決まっていない人でも、自分の将来を決められる方法を教えちゃいます！」

・「質問トラップ作り」

問いかけ作り：「こんな自分が参加して大丈夫なのかな？」

ポジション作り：告知は「主催者・運営側の人間」が「参加者」を募るものなので、「上」に該当する場合が多い。なので、「僕も1年前に参加して、めちゃくちゃ刺激になったイベントです！」と、「参加者」としての言葉を入れて「横」にしよう。

・「枝葉探し」

代用作り：「いらない文：5人1組になって20グループによるグループワーク」

「主張：将来について悩んでいる人にイベントに来てほしい！」

因果型で、「グループワークでいろんな人と語り合う時間も取っていて、将来について悩んでいる人同士で語り合えるから、このイベントは自分の将来を見つけるキッカケになる！」とくっつけている。

CASE 5

【応用編：謝罪文】すべての力が求められる

「謝罪文」はすべてが詰まった究極の作文

「双方向性」がいちばん求められるのは「謝罪文」です。

ただ「反省している」ということを述べるだけでは、謝罪にはなりません。相手に「ああ、この人は本当に申し訳ないと思っているんだな」ということが伝わらないと、謝罪文にはならないのです。

何を隠そう、僕は「謝罪」だけは他の人の3倍経験のある人間です。親に謝り、学校の先生に謝り、友だちに謝り、大学の教授に謝り、この本を書いている際にも編集者さんに〆切を過ぎてしまっていることを謝り、**とにかく相手に謝罪することだけは慣れてい**

る**人間**です。

そんな僕が、かつて**どんな謝罪をして大人を怒らせていたか**というと、こういう文章でした。

×悪い例

この度は遅刻をして大変申し訳ありませんでした。

自分の遅刻のせいで会議の日程を変更せざるをえなくなってしまったこと、本当に申し訳ありません。最近睡眠不足の状態が続いていて、前日は遅くまで別の仕事をしていたこともあって遅れてしまいました。今後は、仕事を溜め込みすぎないようにするなどして、遅刻することのないように気をつけたいと思っております。

本当に申し訳ありませんでした。

とにかく謝罪を繰り返して、その中に「どうして自分が遅刻したのか」という理由をねじ込んで無理矢理文章にしているのがこの文ですね。

これでは、「形だけ謝ってるだけだろう！」「ホントは何も悪いと思っていないだろう！」とまた怒られてしまいます。

ではどうすればいいのか？　謝罪の目的をしっかり意識して文章を書きましょう。

◎ 良い例

この度は遅刻をし、多くの方々にご迷惑をおかけしてしまったこと、深く反省しております。

自分は仕事を溜め込みすぎる傾向があり、前日も夜中の2時まで別の仕事をしておりました。これは、こうした現状を相談せずに抱え込んでいた自分の責任です。

今後は、夜遅くまで仕事を行うようなことはせず、仕事の負担が大きい場合はすぐに相談をしたいと思います。

もちろんそれだけではなく、社会人としての自覚を持ち、今後一切このようなことがないように心を入れ替えて仕事に臨みたいと思っております。
重ね重ね、今回は本当に申し訳ありませんでした。

「双方向性」を最大限に詰め込む思考法

謝罪においてすごく有効なのが**「1人ディベート」**です。自分で自分の非に、そして謝罪に、**丁寧にツッコミを入れていく**のです。

「申し訳ないと思っている」のならば、その論拠になるのは何か？　そう自分にツッコミを入れたときに、答えになるのは「どうしてそんなことをしてしまったのかを考え、今後それを起こさないためにはどうすればいいと考えているのか」を示すことです。

この2つをしっかり文章の中に入れ込めば、「ああ、この人は本当に申し訳ないと思っていて、今後こういうことが起こらないようにちゃんと考えているんだな」ということが伝わります。

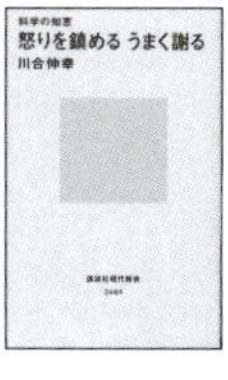

科学の知恵 怒りを鎮める うまく謝る

謝罪文に関しては、この本も読んでみましょう。相手により深く・そして効果的に謝罪の意を伝えるための科学的なアプローチが載っている1冊なので、謝罪がより双方向的になると思います。
川合伸幸著　講談社

謝罪相手というのは基本的に謝罪している側に対して怒っていますから、**ツッコミを入れたくてウズウズしている**ものです。なので、まずは**相手からツッコミを入れられる前に自分でツッコミを入れる**。そうすることで謝罪というのは形になるのです。

・「あとがき作り」

主張作り：「自分は、遅刻を申し訳なく思っている！」を主張にする。

目的作り：**【要望型】**→「共感」が手段で「変化」が目的。

相手に感情的に訴え、相手に何か具体的な変化を与えることが目的。

「共感：遅刻を本当に申し訳ないと思っている」

「変化：相手が、自分の遅刻を許す」

「理解」ではなく「変化」を求めよう、ということはSTEP1でお話ししましたね。

謝罪文となると、「相手に理解してもらう」ところまでをゴールにしがちですが、**「相手が許してくれる」という「変化」**まで求めなければ、本当の謝罪文とは言えません。あくまで目標は「変化」にしましょう。

・「目次作り」

ルート選び：同格型で、「自分は、遅刻を申し訳なく思っている！」という主張を言い換え続ける。

・「1人ディベート」

ツッコミ作り：「反省した上で、どうするの？」という3つ目のツッコミ。

譲歩作り・インパクト作り：「今後は、夜遅くまで仕事を行うようなことはせず、仕事の負担が大きい場合はすぐに相談をしたいと思います」

きちんと相手に「何が悪いと思っているのか」「反省をどう活かすか」といった点を書いています。このように、謝罪文のような短めにまとめるべき文章では**「ツッコミ」を書かずに、「ツッコミ」を想定した文を作るのもおススメ**です。

・「質問トラップ作り」

「それだけでいいの？」「他に理由はないの？」というツッコミを「もちろんそれだけではなく、」という形で質問トラップとしている。

ポジション作り：ポジションはもちろん「下」。その場合、謝りながらも「自分は」を主語にしていこう。

特別付録

「伝える力」と「地頭力」がいっきに高まる 東大作文のポイントを一挙に掲載！

東大作文 Point 1

書き始める前に、「最後に何を書くか」を考える

東大作文 Point 2

全体の印象は「最後」で決まる

東大作文 Point 3

最後が明確でないと、書き始められない

東大作文 Point 4

「結局、何なのか」は、会話やノートにも通じる重要ポイント

東大作文
Point5

主張は「未知のこと」を「短く」言わなければならない

東大作文
Point6

「主張作り」は3ステップでできる！

東大作文
Point7

主張の型は「感情型」「共有型」「要望型」「警鐘型」の4つしかない

東大作文
Point8

「型」は、かならず1つに決めなければならない

東大作文
Point9

書き始める前に、読者にどうなってほしいのかを明確にする

東大作文
Point10

主張の「型」に合わせて、「目的」「手段」を決める

東大作文
Point11

「目的」には「変化」と「理解」、「手段」には「納得」と「共感」がある

東大作文
Point 12

「目的作り」は主張を再定義して、より明確化すること

東大作文
Point 13

目指すのは相手を「変化」させる文章

東大作文
Point 14

読者は「頭のいい読者」ではない

東大作文
Point 15

言うべきことが1つでも欠けると、論理的な文章にはならない

東大作文
Point 16

読者の位置がわからないと、書くべきことがわからない

東大作文
Point 17

3つの「王道の型」をマスターすれば、どんな人にも伝わる文章が書ける

東大作文
Point 18

「同格型」「因果型」「対比型」をマスターしよう

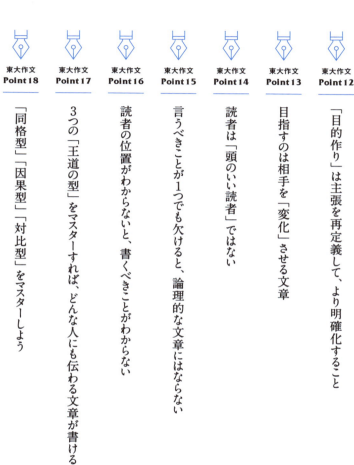

東大作文
Point19
3つの型は、「読者との距離」によって使い分ける

東大作文
Point20
主張と読者との「距離」がわかれば、文章の構造は1つに決まる

東大作文
Point21
読者を「記者」にさせるには、「説得力」と「会話」が重要

東大作文
Point22
作文では、かならず「断言」する

東大作文
Point23
説得力は「ツッコミ作り」「譲歩作り」「インパクト作り」から生まれる

東大作文
Point24
ツッコまれない文章は、そもそも読んでもらえない

東大作文
Point25
説得力を持たせるためのツッコミは「証明できるか」「反例・例外はないか」「弱点はないか」の3つ

東大作文
Point 26

「譲歩」はギャップを生み出し説得力を増すテクニック

東大作文
Point 27

譲歩は「たしかに」「もちろん」「なんじゃないか」で提示する

東大作文
Point 28

反論の型は、ツッコミの型によって決まる

東大作文
Point 29

有効な反論は「客観的」「マイナスが小さい」「プラスが大きい」のいずれか

東大作文
Point 30

「インパクト作り」とは、「主張」をインパクトの強い表現に書き直すこと

東大作文
Point 31

「譲歩」の中の「反論のギャップが強いもの」を参考に、主張を書き直そう

東大作文
Point 32

相手が質問せずにはいられない「質問トラップ」を作ろう

東大作文
Point 33

「問いかけ」は読者を近くに引きつける「フック」の役割を果たす

東大作文
Point 34

問いかけには「これ疑問に思ったことありませんか?」「相手の言葉を先回り」「正解はどれ?」の3つの型がある

東大作文
Point 35

文章にも、作者の「顔」が見える「自己紹介」が必要

東大作文
Point 36

読者に対する自分の「立ち位置」を明らかにし、最終的には「横」を目指そう

東大作文
Point 37

文章を構成する「文」は、「根」「幹」「枝」「葉」「花」のいずれかに分けられる

東大作文
Point 38

「必要なことしか書かない」姿勢は、きわめて大切な読者への思いやり

東大作文
Point 39

いらないのは「幹」「枝」「葉」「花」のどれでもない文と、「枝」「葉」「花」のうち文字数が多い文・同じ内容の文

東大作文
Point40

「3つの型」に当てはめて各文の「役割」をたしかめれば、「いらない文」は簡単に見つかる

東大作文
Point41

「代用作り」とは、いらない「枝葉」を幹につなげ直すこと

東大作文
Point42

いらない文を主張とつなげ、再利用する方法には「同格化」と「因果化」の2つがある

おわりに

『東大作文』をここまでお読みいただき、本当にありがとうございます。

いかがでしょう？　「双方向的な文章の作り方」、身につけることができましたか？

僕がこの本を書いたのは、世の中には**「相手の気持ちを考えないで言葉を伝えて、それが伝わらない」**ことがあまりにも多すぎるなと思っているからです。

「双方向的」でないから、相手にも伝わらないし、地頭も良くならない。そういう作文が多いことを、僕は自分の実体験から痛感しているからです。

私事で大変恐縮なのですが、僕は父親とすごく仲が悪かった時期があります。

別に悪い父親ではないのですが、とにかく口うるさい人でして。勉強していても「こうやって勉強しろ！」とか、受験していても「模試の結果はどうだった？」「もっとこうしたほうがいいぞ！」とか、いろいろと口出ししてきて、ずっと「面倒だなあ」と思っていました。こういう親を持っている人、意外と多いのではないでしょうか？

でも、その父親に対する見方が変わった事件があったのです。


その事件は、3回目の東大合格発表の前日でした。

東大入試が終わって、明日合格発表というその日の夜に、僕は父親と大喧嘩したのです。

その日父親は、合格発表の前夜だというのに、僕にある物を渡してきました。

それは、**「今年の東大受験のデータをまとめたファイル」**でした。

今年のセンター試験の平均点は何点で、東大入試の各科目の難易度はどれくらいで、合格ラインはどれくらいの点数になりそうなのか、予備校が出しているデータを基に事細かくまとめられたファイルを僕に差し出して、「今から、お前が受かっているか落ちているか、確認するぞ！」と言うのです。

これには僕も怒りました。「明日わかるようなことをこんなふうにデータで出して、なんの意味があるんだ」「ここまで頑張ってきたのに、結局、結果にしか興味がないのか」と。

これ、僕じゃなくても怒りますよね？


そんなこんなで喧嘩になって、お互いに口汚く自分の感情をぶつけ合って、ぶつけ合ってぶつけ合った後で、父は不意にこんなことを言いました。


「だって、落ちたらお前泣くじゃん」と。

「は？」と僕は思わず聞き返してしまいました。すると父はこう続けるのです。

「高校生まであんなにダメダメだったお前が、2浪までして、めっちゃ頑張ってたじゃん。それなのに、その頑張りが報われなかったら、お前泣くじゃん。

父さんは別に、東大に受かるかどうかなんて、どうでもいいんだ。でも、お前が泣くのは、嫌なんだよ」


ああ、と。

僕は、この父親について、なにもわかってなかったんだなあ、と。

僕はそのとき、そんなふうに感じたのです。口うるさく勉強について言ってくるのも、尋常じゃないくらい結果を気にするのも、全部、僕を心配してのことだったのか、と。

そんな当たり前のことを、こんなに手放しで応援してくれている人がいたことを、僕は気づけなかったのです。父が、**自分を主語にして、対等に話してくれなければ、いつまでも僕はそのことに気づけなかった**と思います。

そして、こういうことはよくある話なのだと思います。

言葉足らずで、または言い方が悪くて、相手に伝わらないこと。対等になれず、独りよがりになって、わかってもらえないこと。

逆に、**伝え方を変えることで、あるいはそうしようと努力することで、自分の道が拓けることも、たくさんある**と思うのです。

「はじめに」でもお話ししましたが、**その努力が、あらゆる能力を向上させ、地頭を鍛えることにもつながる**のです。

それなのに、「まあ伝わるだろう」と過信したり、「双方向的な文章なんて書けっこない」と諦めてしまうのは、とてももったいないと思うんです。かつての僕のように。あるいは、かつての僕と父のように。

だから僕は、この本を「警鐘型」で書いています。

みなさんがこの本の内容に「納得」して、そして双方向的な作文を書くように「変化」してくだされば、僕の目的は達成されます。みなさんが双方向的な文章を書いてくださるようになったら、僕は嬉しいです。

『東大作文』、いかがだったでしょうか。

最後に養老孟司先生のこの言葉で締めさせていただければと思います。

「他人は互いにわかり合えないものです。わかり合えないからこそ、言葉があるのです」

西岡　壱誠

2019年2月

【著者紹介】
西岡壱誠（にしおか　いっせい）
東京大学3年生
1996年生まれ。偏差値35から東大を目指すも、現役・一浪と、2年連続で不合格。
崖っぷちの状況で開発した「暗記術」「読書術」、そして「作文術」で偏差値70、東大模試で全国4位になり、東大合格を果たす。東京大学で45年続く書評誌「ひろば」の編集長を務める。講談社『モーニング』で連載中の『ドラゴン桜2』に情報を提供する東大生団体「東龍門」リーダー。18万部のベストセラーとなった『「読む力」と「地頭力」がいっきに身につく 東大読書』（東洋経済新報社）など著書多数。

「伝える力」と「地頭力」がいっきに高まる 東大作文
2019年4月3日発行

著　者――西岡壱誠
発行者――駒橋憲一
発行所――東洋経済新報社
〒103-8345　東京都中央区日本橋本石町1-2-1
電話＝東洋経済コールセンター　03(5605)7021
https://toyokeizai.net/

ブックデザイン………成宮　成（dig）
イラスト………………加納徳博
ＤＴＰ………………アイランドコレクション
著者エージェント……アップルシード・エージェンシー（http://www.appleseed.co.jp）
印　刷………………丸井工文社
編集担当……………桑原哲也
 Printed in Japan　ISBN 978-4-492-04639-5